幸福家庭力量大
For:
Given by:
Date:

幸福家庭力量大

It's Your Kid, Not a Gerbil

Creating a Happier & Less-Stressed Home

〔美〕凯文·李曼 博士（Dr. Kevin Leman）／著
邬锡芬／译

四川大学出版社

责任编辑：敬铃凌
责任校对：余　芳
封面设计：鄢　伶
责任印制：李　平

图书在版编目(CIP)数据

幸福家庭力量大 / (美) 李曼 (Leman, K.) 著; 邬锡芬译. —成都: 四川大学出版社, 2012.7
(婚姻家庭系列)
ISBN 978-7-5614-5971-3

Ⅰ.①幸…　Ⅱ.①李…②邬…　Ⅲ.①家庭教育　Ⅳ.①G78

中国版本图书馆 CIP 数据核字 (2012) 第 147157 号

四川省版权局著作权合同登记图进字 21-2012-137 号
It's Your Kid, Not a Gerbil

Published by Focus on the Family
8605 Explorer Drive, Colorado Springs, Co 80920, U.S.A.

书名　**幸福家庭力量大**
It's Your Kid, Not a Gerbil

著　　者　凯文·李曼
译　　者　邬锡芬
出　　版　四川大学出版社
地　　址　成都市一环路南一段 24 号 (610065)
发　　行　四川大学出版社
书　　号　ISBN 978-7-5614-5971-3
印　　刷　深圳市希望印务有限公司
成品尺寸　170 mm×230 mm
印　　张　15
字　　数　191 千字
版　　次　2012 年 11 月第 1 版
印　　次　2012 年 11 月第 1 次印刷
印　　数　0 001～6 000 册
定　　价　36.00 元

◆读者邮购本书,请与本社发行科联系。电 话:85408408/85401670/85408023　邮政编码:610065
◆本社图书如有印装质量问题,请寄回出版社调换。
◆网址:http://www.scup.cn

诚挚地将本书献给与我结婚三十八年的太太
珊蒂

你确实为我们带来一个美好的家
孩子们能拥有一个好处多多的幸福家庭
你的功劳是最大的

推荐序一：陪同孩子一起成长

对于当代父母的心境与困境，我敢说我有更深的了解。在担任东海学务长这段时期，我有机会与上千位家长有各种类型的接触。有个中秋节的晚上，我在学生宿舍遇到从台东开十个小时车来台中陪女儿赏月的家长；又遇见过与儿子一起参加消防演习的家长；带学生去内地访问，在机场看到一位老爹在帮助大家办出境。最伤心，也最难忘的是每一次在医院陪家长面对生命的考验……我可以大声宣告："天下父母心"的确是人世间最伟大的爱，即使子女上了大学，已经成年，父母对子女的爱还是如此强，如此深，如此无私。

我因此不断演讲、写作，提醒学生事务工作人员与老师要尽量带着父母的心情关怀学生，这样可以更多地帮助下一代。

不过，学校做得再多，社会福利机构办得再好，都无法与幸福家庭比较。父母对子女人格塑造的影响超过所有其他人。孩子有如父母的翻版，继续父母的足迹，扩展父母的理想。父母都希望孩子是人生旅途中的赢家，如同本书英文第一版书名里所说"Be

Winners in Life”，但如何做到呢？

最重要的是“参与”。我尽量参与孩子成长的每一项事务，即使无法在身边，也透过祷告陪伴着。我的儿子到美国攻读硕士，他眼所看、脚所走、耳所听……我都以某种形式参与。我的女儿已获得硕士，两年来积极投身职场，我也一起参与和体会。这些真是人生最美好的经验。

本书文字生动活泼，举例有趣贴切，读来顺畅易懂。书中特别强调：“父母要花时间陪孩子。”以往，孩子还有兄弟姊妹可以陪伴一起长大，如今“少子化”已经从“趋势”变成“事实”，现在每对夫妻只有一个子女已经是主流。以往孩子可以通过与手足的互动来学习，如今只能靠父母更多的陪同来了解人际关系与许多人生功课。

教养独生子女是当代父母最大的挑战。但是，与孩子一起成长却可以是很简单的，只要“多陪，少说；多靠近，少指导；多给一些孩子成长的空间，少设下一些自己的框架”就可以了。如果能引导孩子有一个信仰，我们的孩子会更有能力走好每一天的道路。

彭怀真

东海社工系副教授、中国台湾幸福家庭促进协会秘书长

推荐序二：古老的问题，深层的看见

读到好书总是让我开心，特别是有关幸福家庭的书。身为牧师，我有较多机会接触到人们内心的恐惧与焦虑，其中不乏学术成就优异、在工作上呼风唤雨的所谓成功人士。这些总是大步向前的巨人，谈到家人关系时，眼中的彷徨使得他们看起来就像是个迷路的孩子，不知该何去何从。

这其实也不是巨人独有的困扰。所有人在感到足够安全的时候，几乎都会开始讲述与“家”有关的种种彷徨，特别是为人父母者。孩子小的时候，他们为这些事情彷徨：孩子哭的时候，要不要马上抱他？孩子几岁开始学英文才不会输在起跑点？孩子们整天吵架怎么办？孩子大的时候，他们为这些事情彷徨：他整天挂在网络上怎么办？怎么样才可以让他考上好学校？他开始恋爱了，怎么帮助他守贞？

这所有的彷徨，都来自一个至深的愿望：“我要我的孩子以后活得好，活得成功，活得快乐。”

如何教养孩子，是个古老的问题，许多作者都热心地提供过

“七个秘诀”、“八个原则”或“九种策略”。《幸福家庭力量大》思考这个古老问题的方式与写作方式则与众不同。

“七个秘诀”、“八个原则”或“九种策略”，基本上是用希腊式的脑袋在放大镜下分析教养问题，一个问题一种解决方式。《幸福家庭力量大》则是用希伯来式的脑袋，透过广角镜头看到全景。在全景的视野当中，背景是家庭的意义、家庭的功能、亲子关系，前景是孩子的成长过程（恋家、在家、离家）以及那些令人彷徨的教养问题。希腊式的思考，见树不见林，每棵树都需要一面专属的放大镜；希伯来式的思考，见树又见林，每棵树都生长于同样的一片土地。

家庭从来都是人类一切故事的背景，理解教养问题，难道会有例外？作者看事物本质的眼光，令人佩服。

作者不仅指出家庭的重要，他还指出家庭“无可取代”的特性。托儿所、学校、图书馆，保姆、足球伙伴、钢琴老师，甚至主日学校、团契、查经班……再怎么好，再怎么提供爱、温暖与力量，都丝毫无法取代家庭的功能。鲸鱼就是需要一片海洋；风筝就是需要一片天空；孩子，就是需要一个家。没有为什么，事情就是这样。在池塘养鲸鱼，太残忍；在阁楼放风筝，太可笑；所有已经创造出生命来到这个世界上的父母，都需要恩慈良善，需要有智慧。

作者虽然有这样深层的见解，他写出来的书却没有“有深度的书”常有的沉闷与枯燥。作者以自己养育孩子的真实经验为主轴，分享上述以家庭为核心的眼光；有故事的书，读来总是有趣，作者的超级幽默感为本书的有趣指数再加分。读这本书的经验，有点像是住在他们家，与他的家人一同吃喝，一同生活。只不过读者可以随时让画面暂停，转身看一看、想一想自己家中类似的情节。他们家，你们家，随时切换，处处应用。

我推荐所有为人父母者都能拥有这本书，理由都写在上面了。我也推荐所有为人子女者拥有这本书，书中的观念可以帮助他们认识自己与父母的关系，进而知道如何做孩子，未来当他们建立自己的家庭时，这些观念也会让他们少走一些冤枉路。

杨宁亚

目 录

Contents

1单元

家是心之所在——预备心来经营幸福家庭

2单元

在家教养孩子品格的实战守则

3单元 让孩子爱上你的家

单元 1

家是心之所在
——预备心来经营幸福家庭

HAPPINESS

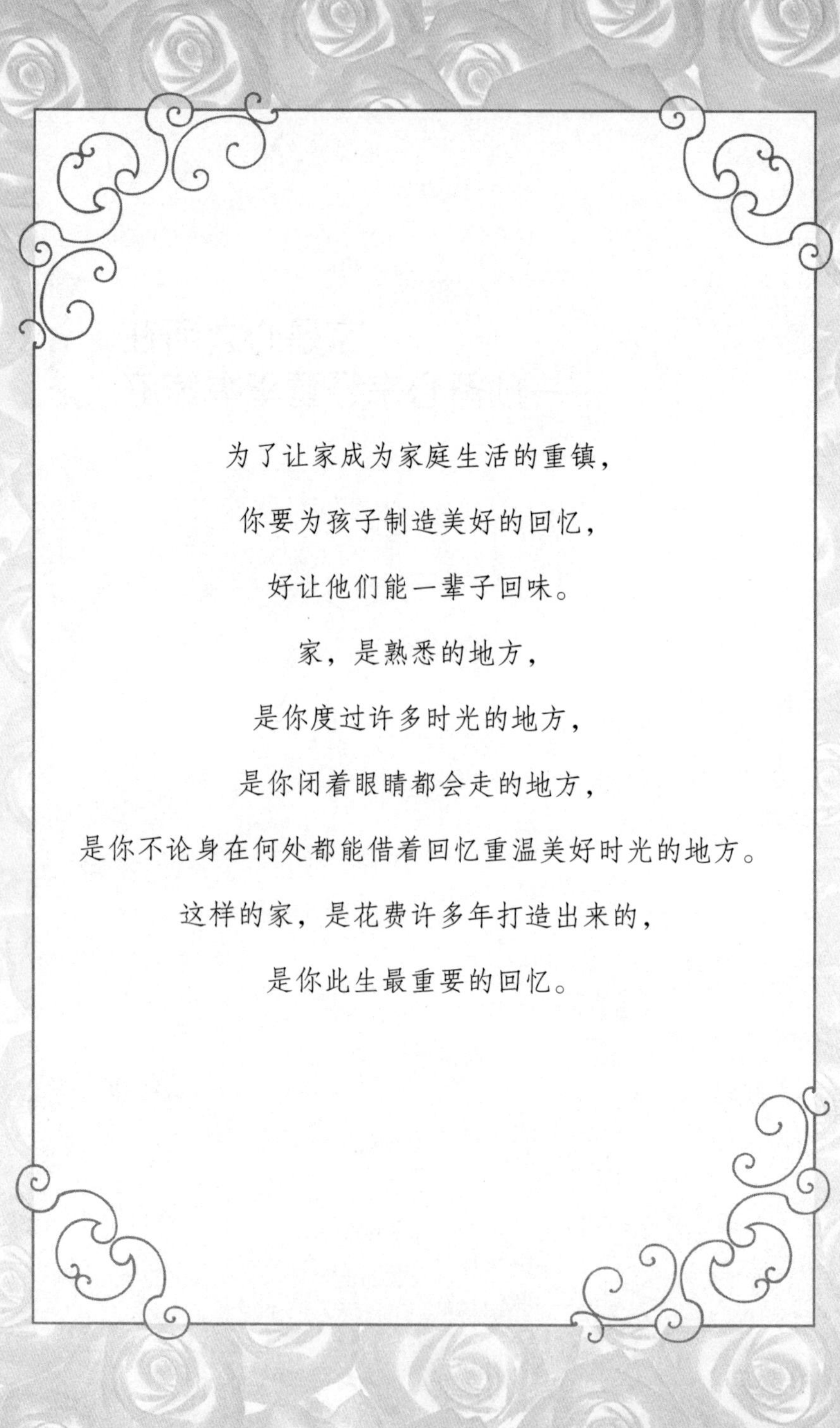

为了让家成为家庭生活的重镇，

你要为孩子制造美好的回忆，

好让他们能一辈子回味。

家，是熟悉的地方，

是你度过许多时光的地方，

是你闭着眼睛都会走的地方，

是你不论身在何处都能借着回忆重温美好时光的地方。

这样的家，是花费许多年打造出来的，

是你此生最重要的回忆。

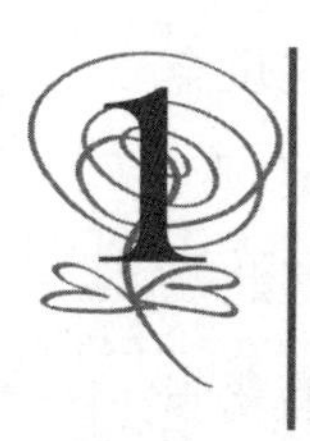

有得必有失

如果我搭乘飞机，有两点可以确定：第一，我会坐前排，因为我有空间幽闭症，既然我的飞行里数已经超过三百万，航空公司理当给我大一点的空间。第二，我所搭乘的一定是那个上面漆着“美国航空”（American Airlines）的“大铝罐”。打从1988年起，我就是这家航空公司的常客。虽然以前我搭过别家的飞机，不过现在只要美航善待我，我就会死忠到底，当美航的忠实顾客。

为什么？这是因为常搭某家航空公司的飞机，就能享有许多一般乘客所没有的优惠。

如果我轮流光顾不同的航空公司，也是可以累积飞行里数的啦，却只能累积实际的里程数。而我呢？不论飞到哪儿，里程数都是加倍计算的，飞行里数累积起来可快了！有时候我可以得到免费舱位升级，有时候还可以免费搭乘呢！

如果我变更行程，美航一定会配合。比方说，你可能提早三小时抵达机场，排队等候补，希望早一点登机。而我呢，在飞机起飞前三十分钟才走进机场。谁会得到候补机位？答案是：我。为什么？因为我已经累积了300万里，是他们所谓的“终身白金卡”会员，用航空公司的内行话来说，就是：“拜托，请好好巴结这位金主，因为他这些年来所花的机票钱，已经足够买下这架飞机了！”

讲白一点，美航待我如上宾，而其他航空公司（联合、西北、西南）只会当我是路人甲，不会给我任何差别待遇，我拿到的花生米和别人的一模一样；有些人的行李会被放在前排的好座位，而我却只能卡在中间的排位，动弹不得——以我的年纪和体型，还真像一只大犀牛被塞进小鸟笼里。

持有美航的终身白金卡，这感觉真不错。

想不想让你的孩子也拥有这样的安全感，能够心情愉悦，甚至感到幸福无比？想不想让他们觉得，在你家出生，当你的孩子，还真是不错？想不想让他们忠实于你，就像我忠实于美航？

如果你知道如何营造一个可以让孩子得到许多好处的幸福家庭，那么，以上所说的都是有可能发生的。

比赛时，主场队总是独享优惠：球迷超多，加油声超大，拥有这样的超人气，想要不赢都很难。同样，家也是这样，一个提供孩子安全感、充满欢乐和美好回忆的家庭必定能够让孩子享有成长优势，成为人生的赢家；事实上，孩子生命中最重要、最美好的特质，都是在这充满祝福、由四面墙围起来的空间里——就是我们称为“家”的地方——所酝酿培育出来的。所以，父母要用心经营家庭，让家的好处多多，让孩子拥有足够的主场优势。同时，也要保护孩子，不要让外面的世界来把孩子拐走。因为，家对孩子而言是最重要的。

所以，这本书要讲的就是：让你的孩子拥有一个好处多多的幸福家庭。

♡ 不要对孩子操之过急

查理是个十二岁的孩子，他的妈妈总是想给他最好的。当他已经在学钢琴时，妈妈还希望他再学些别的。她为查理找到了一位优秀的小提琴老师，能培养他对音乐的热情，也会激发他的潜力，她高兴极了。

除了要查理学音乐，妈妈还帮查理安排别的活动。查理每周上学五天，周六要补习，暑假要到某大学去上先修班，妈妈希望他四年后的学测表现能够脱颖而出。

查理很喜欢拉小提琴，却很讨厌妈妈对他的期待。只要她批评他琴艺欠佳，他就会抗议："妈，我只是想拉小提琴。"

在音乐班上，查理并不是唯一感受到压力的小孩。有位家长，因为太爱批评了，老师只好请她到教室外面去，免得让小音乐家分心。还有一位学生，才九岁，每周得练习三次《胡桃夹子》（大都会芭蕾舞剧团的演出）、两次体操，隔周还要参加一次女童子军会。因为活动太多了，她为自己的女儿买了电子记事簿（personal digital assistants，PDA），来提醒女儿照日程表上课。

一个月后，查理终于可以松口气了。虽然他好喜欢拉小提琴，妈妈却不让他学了。为什么？妈妈说，因为儿子在家练得不够勤快，显然是老师不够严格。

也许你会认为查理的母亲太过分了，但天下父母心啊！父母总是希望儿女得到最好的：最好的学校、最好的老师、最好的住宅区。你会希望儿子在小学二年级的阅读课上的表现令人惊叹，而女儿在才艺班表现非凡。父母希望孩子表现优越的这份心，是天性（就像你我第一眼看到自己的孩子时就会爱上他一样），也是人之常情（就像你我常常觉得自己已经尽了力）。不论哪位父母，只要对儿女有那么一丁点儿的爱，就会希望孩子得到最好的。

不过，你可能和许多现代父母一样：就算咬紧牙关坚持到底，也未必能给孩子最好的。

你会问："什么是最好的？"是怀孕期间三餐听莫扎特的音乐？是找哈佛高材生来当孩子的英文家教？还是请俄罗斯体操教练来给孩子个别指导？

都不是。我所谓"最好的"，是指最重要的；不是指全州足球冠军赛的黄金右脚，也不是指低音大喇叭夏令营的全额奖学金；而是在为孩子奠定安全感及稳定感的基础上花时间和孩子在一起，待在家里陪伴家人。

你心想："拜托！李曼博士，你真是不在状况呀。"

没错，亲爱的家长们，眼前的情境确实有问题。我们的社会正热衷于种种活动，所以，"在家陪家人"这件事的重要性已经超越过去的任何一个时代。如今，在我们努力帮孩子"向前冲"时却忽略了最重要的成长激素：在这来去匆匆的世界，那份来自家庭从容不迫的爱，以及满怀温情的关注。

请仔细想想"从容不迫的爱"。我在聆听了几千位孩子的心声之后，非常确定"匆匆忙忙"的爱并不会让孩子觉得自己被爱。如果你的孩子觉得他只是"照日程表上课"，或者，如果他觉得自己总是在打乱你的计划，将来回忆自己的童年生活时，"爱"绝对不会是他最先浮现在脑海里的感受。

这个世界有太多事物正虎视眈眈地想尽各种方法，企图剥夺人们的家庭时间。就像有名的"三十一冰激凌"（Baskin Robbins，全球最大的冰激凌连锁店，在刚成立时，创始人坚信顾客有选择的权利，因此推出三十一种口味，代表每一天都有不同的口味）提供了许多令人看到就会流口水的不同口味的冰激凌让人选择，父母眼前也有许多活动可供参考、选择，这些活动内容让他们蠢蠢欲动，就像孩子站在冰激凌店的点餐台面前，盯着各种口味的冰激凌，口水直流。你可以花大把钞票聘请知名教练来教七岁的女儿打高尔夫球。也可以安排黑带柔道教练来教三岁大的儿子几招，好让他在幼儿园排队领午餐时，给恶作剧的大块头来个过肩摔。你还可以雇用大都会交响乐团的首席小提琴手来教你那在幼儿园的孩子拉小提琴。

然而，各样的活动真的很像冰激凌：偶尔用来让自己快乐一下就好，如果要当成正餐，那真是太不健康了！那些站在点餐台后面的人，可能会让你以为你的小爱因斯坦需要一份正确的冰激凌组合餐，好让他到了青少年时期可以合成他的量子论。如果你向别的父母看齐，可能会点一份堆得高高的冰激凌，高到无从下口。这么一来，你就上当了，成为操之过急的父母。

♡ 望子成龙，望女成凤

一位心急如焚的母亲打电话到亚特兰大复健诊所，硬是要人家挤出一个时段给她女儿。她九岁大的女儿，参加了两个游泳班，每周上六次课，结果伤了手臂。

母女俩下午来到诊所，复健治疗师发现，小女孩因为又游泳又踢球，一举手就痛。

“她这只手臂很需要休息。”复健师说。

“可是区域赛十天内就要开打了！”母亲说。

“没错，但她至少得休息一个星期，整整七天，然后再看看她恢复得好不好。她练习过头了，需要好好休息。”

“拜托，”母亲反驳，“这可是区域赛，而她是游泳健将，很被看好的！”

不论我到哪，都会看到这样的父母。他们全都望子成龙、望女成凤。

赢倒也没什么不好。我到亚利桑那大学看野猫队打篮球，并不是为了去瞻仰漆在球场中央的队徽。如果我支持的球队赢了球，我会欣喜若狂。但如果决赛的最后一秒，对方进了漂亮的三分球，打败了我们，我不会跟小女儿说：“萝伦，走，我们去烧警车，丢几个垃圾桶，砸烂商店的窗，借此来消消气。如何？”赢是好事，但不能不择手段。

少练两个星期、在区域赛缺席，会毁了九岁女儿的游泳生涯吗？如果这年七月的四天赛程缺席，会害她十年后无法成为奥运国手吗？更重要的是，为什么这位母亲这么关心女儿的比赛，却没那么关心女儿？圣经里的箴言（这本智慧古书）说，“教养孩童，使他走当行的道”[1]，却并没有叫她每天清晨五点去练游泳。

父母寄望儿女成龙成凤，自古皆然。跟古时候的人比起来，现代人比较有钱有闲，我们的摘星梦，比古人更可能实现。有些父母砸钱、砸时间，要为孩子打造一个成功的未来，却把亲子教育变成了生涯规划，把家变成了奥运训练营。

我知道，大部分的父母并没打算把孩子送去奥运训练营。但如果你停下脚步，想想你对孩子的期望，你也许会发现，自己其实正在帮孩子进行行前训练，打算把他送上世人所谓的“成功岭”。

你看着一岁半的儿子捡起玩具球杆、挥杆、落空，心想：有朝一日，说不定他会是另一个老虎伍兹（Tiger Woods）。

也许这概率只有十亿分之一，但你想了又想，想得太专心了，这一丁点儿的可能性，竟然慢慢成为儿子的第一志愿。路都走不稳的儿子，哪会去幻想高尔夫球公开赛，这幻想显然不是他的，而是你的，是你要儿子实现你的梦。

成功梦倒也未必如此夸张，平凡人家的平凡日子里，也很可能正悄悄上演着成功梦。比方说，你们夫妻俩都从事教职，未必期待孩子也要教书，说不定还会让他自己决定要走哪条路。但因为你们当年都是高材生，很可能希望孩子也很会念书（不论他将来是要去从事剧场管理，还是研究生理学）。但是，等到发现你的小明不是念书的料，甚至，他既不会成为学者，也不资优，你该怎么办？

或者，你的高中母校体育馆墙上挂满了你的辉煌战果，记录了你各式各样破纪录的优秀成绩。如今女儿正在读小学，而你正站在球场外朝她大吼：“去接球啊！”你表现了你的企图心，而宝贝女儿呢，她只想站在场中央，和死党们聊聊班上的新同学。

父母很难察觉自己内心深处对孩子的期待。对我们轻而易举的事，会让我们误以为对孩子也是轻而易举的，于是不断鞭策孩子投入种种活动，就是要他们表现出色。

我将父母为孩子安排的种种学习活动，称之为活动陷阱（activity trap）。想要脱逃？哪那么容易！因为当你被困住、当这些钢牙已经深深咬进你的大腿肉时，你还浑然不觉呢！何况，说不定还有人会为你喝彩呢！那些和你轮流接送小孩的左邻右舍，会说你很了不起，说你早早为孩子铺了条康庄大道。但如果你认为家人的关系、孩子的品德，比一杆进洞或比常春藤名校更重要，那么，你就得仔细想想，这些微妙的观念如何影响了你。

♡ 究竟是为谁好?

“我的女儿是明日之星。”

“我们想把儿子送进天才班。”

“我们希望孩子比当年的我们更有机会。”

这些话听起来像是牺牲自己成全儿女，崇高并且充满对孩子的关爱。如果你讲过这种话，当然是出于好意。但是，请仔细检视自己的动机吧，也许你是为了自己，而不是孩子。

许多父母像是登山向导，把孩子引向自己梦想的高峰。这些父母教儿女追风，让他们去经历刺骨寒风，让他们身心俱疲。

讽刺的是，向导们还心满意足，自以为是为孩子好，是让孩子成材，是帮孩子建立自信。六年后要申请大学的人是孩子，当然在小学六年级就要拿出漂亮的成绩单。将来要去面对严苛职场的也是孩子，那还是在小学二年级就让他全方位发展吧！

但是得到好处的，果真是孩子吗?

“这是小梅画的吗？”客人来到家里，一眼就看到了这幅画，“哎唷，你一定高兴得不行！”你被夸奖得飘飘然，都忘了讲是你帮小梅找题材、调颜色，还补上了关键的几笔，这幅画才成形的。

“没错，你儿子会传球了！”周六早上的球场旁，某家长笃定地向你保证。其实呢，儿子讨厌足球，他会来都是你求他来和你练球的。

女儿的成绩单上写着“佩琦是上天的恩赐”，老师并不知道你把客厅变成补习班，花了好多时间陪她做功课。再这样下去，不久之后，不论是在学校、在家还是在任何地方，佩琦都不会是骄傲了!

这样的孩子会累积他们的能力，会越过种种障碍，任由父母拖着他们往前冲，直到十八岁——那时，他们会自动放弃。

我常开这样的玩笑：儿童科技展里，没有几件作品是孩子自己亲手做的。我可以想象在交件前夕，父母说：“喂，把电视关掉好不好？我正在帮你做功课！”想象着父母给自己打分数；想象着冰箱上的成绩单：“恭喜白先生和白太太得到本班超优奖！”

被困在活动陷阱里的人，身旁会有掌声响起，别人会以为我们是很棒的父母。其实，我们的期待只会逼孩子早早离巢。

♡ 大器晚成

某位正在“收购小爱因斯坦公司出的每一片教学CD”的母亲说：“孩子愈早启蒙愈好。”有这样想法的家长，还真不少。他们希望“提高婴幼儿智商”，根据玩具制造协会的统计，2000年以来，益智玩具是最好卖的产品[2]。

有些家长就怕孩子输。他们认为早起的鸟儿有虫吃，催着幼雏提早试飞，认为愈早愈好。幼年，本该是孩子和父母培养感情的时期，现在却成了表现的擂台。

谁家的孩子最先会讲话？谁家的孩子最先把尿布拿掉？谁家的孩子会用手指头画出印象派彩虹？左邻右舍的父母，都希望自己的孩子领先。不久，你就会发现自己在心里嘀咕：“我们的孩子输给柯家了。”看到七八岁的孩子驾机横越美洲时[3]，很容易就把自己的孩子看扁成一只跛脚鸭。

但是，你有没有观察过鸟巢里的幼雏？最强壮的那只，也就是率先飞向天空的那只，未必是最成功的。事实上，如果太早离巢，可能几个星期后就夭折了。小时了了，大未必佳。

也许你听说过1993年那份著名的研究报告，罗氏、萧氏和凯氏（Rauscher，Shaw，and Ky）发表的《莫扎特效应》（“Mozart Effect”）。他们的研究显示，孩子若从婴幼儿时期就开始聆听古典音乐，智商会高于一般孩童。这个发现实在太赫赫有名了，以致从1998年开始，凡是在佐治亚州出生的孩子，州长泽尔·米勒（Zell Miller）都会致赠古典音乐CD。

但是，其他的研究却告诉我们，“莫扎特效应”理论并不成立。今天的发展心理学家认为，让孩子的几个感官同时接收讯息，最能刺激脑部的发育。“康乃尔大学的荣誉教授、发展心理学家欧维格·拉扎尔（Irvig Lazar）表示：‘几个感官同时接受刺激，最有利于儿童发育。也就是说，通过人，孩子最能学习发展。’人可以刺激婴儿的视觉、听觉、味觉、触觉和嗅觉，甚至让孩子的五官全都启动。”[4]

许多父母还在让孩子看《小天才》（*Baby Genius*）录像带，心想，反正这也无伤大雅。但《亲子杂志》（*Parenting*）的主编提出警告：让学步儿整天盯着屏幕，会妨碍他的学习，因为这样做会使他缺乏与人的互动。

“让婴儿用认知卡（flashcards）学习？”某玩具店经理拒绝贩卖这项商品，他的理由是：“我不忍心。孩子才六个月大，带他们去散散步，让他们看看真正的花朵吧！”[5]

总之，能帮助孩子学习的，不是益智练习，而是社交互动（social interaction）。说到社交，有哪个场合比家庭更重要？

和儿童发展相关的专家和业者，会让你以为他们推销的商品是你心肝宝贝的必需品，你很难不心动。但是，如果你希望孩子在家里得到良好的教养，就不能光靠电视机，也不能光靠陌生人。

♡ 为孩子留下难忘的烙印

布兰达博士（Dr. Brenda Hunter）是心理学家，也是知名作家。我所谓的“难忘的烙印”，也就是她所谓的“建立孩子自我认知的亲子关系”。她在《选择在家》（*Home by Choice*）这本书里写道：“根据鲍尔比（Bowlby）的说法，幼儿会以亲子关系为素材，将自我的价值、亲子间的亲密度，以及个人的世界，内化在自己的生命里。根据父母对待他的方式，他多少会期待别人也这么对他。如果父母亲很温暖、充满爱、在情绪上是可亲的，孩子会相信他自己是可爱的、是有价值的人。长大后，他会有自尊，能信任别人；成家后，能和配偶、儿女关系亲密。因为父母给予他安全感，他也会期待别人给他安全感。”[6]

要留下烙印，父母就要用行动表达对孩子的爱，要常在家陪孩子，要跟孩子谈心说话。孩子最先接触到的语言是从父母那里来的，如果他听到“他一无是处”，久而久之，他就会以为自己是个一文不值的人；反之，如果他听到的是持续而肯定、充满爱的语言，他会由衷地相信自己是个被爱的人。

你要往下读吗？停！你是否明白布兰达博士讲的重点？再仔细把这段读一遍，大声读出来，因为，当我们谈到好处多多的家、为孩子留下难忘的烙印，她的这段讲述至关重要。

♡ 豪宅？冰宫？

不幸的是，有些父母和孩子几乎无甚交流。难怪我们会听到这样的研究报告：父亲和青少年讲的话，平均每周只有三十五分钟[7]。三十五分钟！在孩子生命中缺席的，还不只是父亲呢！另一研究报告刊登在《时代杂志》上："儿女还未满十八岁的母亲，有72%投身职场；在1975年，这样的母亲只有47%。"[8]父母缺席的原因可能很复杂，但重点是：他们的确缺席了。

我知道，许多父母之所以没在家陪孩子，是有正当理由的。同期的《时代杂志》上登载："自从20世纪70年代以来，家庭花在房贷上的开支，平均涨了令人咋舌的69%（按通货膨胀计算）。同时期，父亲的收入却上涨不到1%。"[9]为了贴补家用，母亲只好外出工作。

但我在美国到处旅行，看到许多家庭之所以把孩子交给别人带，却另有原因。不是因为父亲被征召入伍，不是因为和别家轮流带孩子，也不是因为入不敷出，而是因为他们把别的事情看得更重要：爬上管理高阶，成为人上人。许多父母把儿女送到托儿所，好让自己留在职场厮杀，而完全不考虑留在家里带孩子，也不考虑改为兼职以照顾家庭。好悲哀啊！你目前能给孩子的最佳礼物，并不是好学校、好小区、好房子，而是陪伴他。

家庭与工作，果真不可兼得吗？许多美国人的梦想，包括新房子、两个孩子、两部车子，以及前途不错的两份薪水，不是吗？

如果为了房子、车子，你只好离开孩子外出赚钱。然后，你的家从屋外看来是豪宅，走进屋里却是冰宫，这有什么好？我知道我的想法跟不上时代的脚步，但是当你把孩子交给托儿所，不论你的动机是什么，你根本就是错失了千百个为孩子留下美好烙印的机会。这样的损失才是最大的损失。在家里和孩子建立关系，在家里把他们带到六岁，才是父母的最佳选择。

托儿所能不能给孩子安全的游戏空间？可以啊！能不能提供正当的社交场合？可以啊！能不能提供良好的教育？可以啊！能不能强调你的价值观？嗯……如果你慎选优质的托儿所，也许可以。

然而，父母与孩子之间的亲子关系，托儿所是无法帮你培养的。因为你没在家教养孩子，也没有固定花时间投入他们的生命。

当你读到这本书，我希望你检视一下，你有多少时间不在家。为什么？真的是不得已吗？或者，是因为你揽下太多事情，多到做不完，所以使得作息表成为你的暴君，而你成为它的奴才？想一想，怎样减少事情，把时间空出来，在家多陪陪家人，让家像个家。不论你空出多少时间，务必尽你一切的努力。

我知道，花时间陪孩子（尤其是学龄前的孩子），必须要有所取舍。我的大女儿克莉丝和她的丈夫丹尼斯刚生了第一个孩子，他们几经挣扎，终于决定让克莉丝留在家里带孩子。这个决定让他们的收入变成刚好够用。但我相信他们会通过考验的——我相信你也会。

“2003年8月，马里兰州塔可玛园区（Takoma Park，Md.）的某个机构进行了一项新美国梦的民意调查，其调查重点是父母与孩子之间的优质相处时间。调查结果是，虽然60%的美国人觉得工作压力过大，但却有80%的人希望有更多的家庭时间，而52%的人表示，不惜减薪来多陪家人。”[10]如果这个统计可靠，表示正在读这本书的你，可能就是那些情愿有所舍，也要尽量陪孩子的人。克莉丝和丹尼斯将来会不会重新评估这项决定呢？也许会。但他们已经尽力作出最好的决定了：他们愿意有所取舍，来安排生命中的优先次序。

值得吗？我猜，若干年后，答案会是：值得。而且会比现在更觉得值得，不但他们觉得值得，他们的儿子也会觉得值得。孩子会拥有正面的自我形象，也会有安全感，因为他们的父母在一个充满爱的家里陪伴他们。

花时间在家经营一个好处多多的幸福家庭，把孩子带大，让他们在幸福家庭里成长，这绝对是值得我们为孩子牺牲其他事物的。

♡ 父母在家带大的孩子

当父母思考到经营一个好处多多的幸福家庭，以及在家里把孩子带大这件事的时候，必须要先往前看。想想看，多年后，女儿离家念大学，或者儿子第一次在外面租房子，你含泪目送他们、祝福他们，那时，你会希望孩子有什么能耐？你会期待他们拥有怎样的人生本钱？

由父母在家带大的孩子，或许不见得知道自己会什么，却知道自己是谁。怎么教养出这样的孩子呢？答案是父母花时间陪伴。

也许你听过一个比喻，聪明人把房子盖在磐石上，愚昧人却把房子盖在沙土上。起先，沙土看起来是蛮不错的选择，却经不起考验。立柱子、把地弄平都是在沙土上进行比较容易，而且在沙滩上还可以看到美丽的海景。

但是沙滩上的梦中小屋，也可能变成噩梦：暴风雨、海浪都可能冲掉你多年来辛苦经营的一切。眼看着房子被卷进大海，你也许会反思你当初选择的根基是否正确。我希望你也能为儿女精打细算他们的人生根基。

奠立人生根基，并不是一朝一夕就能完成的事。如果你希望孩子在家里长大，在家里得到父母（他们偶尔会有低潮）的呵护，会得到品格教育（而不是只得到专业教育），会看重信仰与家庭，那么，你就要按部就班、夜以继日，把根基立好。

这样的工作很值得。孩童时期、青少年时期的震撼，可能震塌一些不稳的根基，然而，由父母在家带大的孩子却能站立得住，就算有人取笑她的大耳朵，就算他在球队被刷下来，就算男友和她分手，根基在他的脚下摇晃，却不会垮。

由父母在家带大的孩子，心里自有一套价值观和人生观。他有勇气去守住这些，因为你给了他维生素E，也就是“鼓励”（Encouragement）。她有勇气说“不”，因为你给了她维生素N（No）。

由父母在家带大的孩子，是不一样的，由里到外都不同。

♡ 不一样

你可能会问：“真的不一样吗？你能不能告诉我有什么不一样？”

好吧，我问你，有没有吃过家里种的甜玉米？

不久前，我们在院子里烤牛排。内人珊蒂很会掌厨，她最后端出来的，是一大盘热玉米，整支整支的，热腾腾的。

我超爱玉米。还记得在纽约西部，整个夏天都吃甜玉米，甜到你以为有人在上面洒了糖。先抹奶油，然后撒盐，我开始像只疯狂的啄木鸟。

才啄完第一排，我的脸色就变了。奇怪，我心想，看起来是甜玉米，可是一点都不甜！

如果你以为超市买回来的和家里种的都一样，请你比一比：家里附近超市买的，和路边小摊当天早上现摘现卖的。眼睛看起来都一样，但是，味蕾却告诉你不一样。

孩子亦然。许多孩子看起来很有教养，也很有礼貌。但是，若仔细观察，你可能会发现，他们虽然中规中矩，心里却没有他们自己的重要信念。

由父母带大的孩子，不只是守规矩，他们就像甜玉米，甜在里面。在他们的内心，蕴藏着牢不可破的亲子关系。他们最大的特征就是：与父母有一份真实、长期培养出来的关系。这些孩子，是好处多多之家的受惠者。

本书讲的就是这份关系。希望父母能抓住教养的重点以及优先次序，好让家人能追求那有意义的成功。

在第三、四章，我会指出一些令父母困惑的迷思。接着会谈到由内而外地教养孩子。最后，因为许多父母离开职场走回家庭，我们要讲些实用的技巧（比方说，如何鼓励维系家庭时间，同时又不让孩子讨厌这些时间），以免落入活动的陷阱。

让你的家好处多多，比你想象的容易，比起职场上的“老鼠跑圈圈”比赛，真的是容易多了。家庭对孩子来说是最重要的，然而这个重要事实，却被有意无意地忽略了，下一章，我们就来好好地想一想吧。

爸妈**经验**齐分享

- 花时间和家人孩子在一起，将会帮助孩子建立安全感和稳定感。
- 在家教养孩子，最重要的就是亲子关系。孩子自我形象的根基取决于你和孩子的关系（你如何看待他们，如何与他们互动）。
- 鱼与熊掌，不可得兼。问问自己：我的优先次序是什么？我真的尽一切努力了吗？
- 要避免落入活动陷阱：

（1）不要以为对你不难的，对他们也不难。

（2）你跟孩子说："要你去做这做那，都是为你好。"其实，也许只是为你自己好，因为你想要别人夸奖你，这点也要小心。

（3）千万不要拿你的孩子和别的孩子比较。

（4）记得：要刺激孩子的脑部发育，最好是通过多项感官，也就是说，在家为他们提供社交活动，让他们与家人互动。

你恋家吗?

我猜，全美各地都有这样的夫妻，一边谈生孩子的事，一边想着红利积点，然后说出以下的对话。

某天，夫妻俩各自下班，各自开车，回到有小区大门的住家。夜里，两人望着窗外的小区游泳池，有群小孩正在戏水。

“也许我们该有……你知道啊……那个……那个……？”

“小孩？”

“对啦，小孩。让我们生一两个小孩吧。”

“好啊，但我可不辞职哦。”

“当然不必，现在已经没有人为小孩辞职了。”

于是他们订了一个孩子，而联邦快递（FedEx）在九个月后把孩子奉上。照样各忙各的，似乎不受影响。他们慎选保姆，砸下一卡车的钞票来逗这崭新、刚拆封的孩子开心。

有了孩子，夫妻照旧换车换屋像换棒球卡一样，照旧去欧胡岛（或一些连名字都叫不出来的地方）度假。

日子仍然一天接一天过去，然而，他们的生活中仍然缺少人与人之间的关系联结。

当你有了孩子，整个家庭重心都应该要调整。我并不是说，你要以孩子为宇宙的中心。但不论你有一个孩子还是一打孩子，日子不再只有你们俩。妈妈可能必须改变作息，把婴儿照料纳入行程表。爸爸也许不能再宝贝爱车，而必须去宝贝爱子。在意大利餐厅里不慌不忙的烛光晚餐，可能必须用快餐店的速战速决来取代。

孩子出生后，日子还是照过，却不会像以前那样过。

现代的父母很难（也许比以往任何时代都难）为孩子做些调整，这要归咎于过去五十年来的社会变迁。

♡ 大人小孩都面临压力锅的生活

1950至1959年，是超乐观的十年。当时的人想象着未来：一对对夫妻从反地心引力的房子里走出来，满面春风地一同搭上飞机。当时的人以为，科技会让生活轻松，夫妻会有更多时间来陪伴对方。

结果呢？科技并没有造福我们，反而陷害了我们。某些发明是节省了不少时间，却把生活步调变快了。最近有篇搞笑文章《大忙人》（“The Hurried Man”）[11]，很幽默地劝人善用分分秒秒，包括怎样吃快一点，夫妻怎样快一点和好，甚至，怎样死得快一点。

曾几何时，“时间”被看得比钱更值钱。以前，人会用时间来换取金钱，如今，却是用金钱来换取时间。我们多付钱来寄限时快递，来购买送货上门服务，来快速冲洗相片。

孩子有样学样。研究显示，在1981年到1997年期间，六至八岁的孩子们做功课的时间，至少比现在多一倍[12]。如今，上网上商城，你可以帮孩子买到电子记事薄，让孩子在练足球和童子军活动的空当可以安排做功课的时间。一想到小学生竟然需要这样来安排时间，就让人心寒。

现在的孩子备受压力，物质、经历都带给他们很大的压力。教师和青年牧师发现，到了青少年末期，有不少的孩子都崩溃了。

怎么会这样呢？让我们自由支配的时间，不是比以前都多吗？我的看法是，因为我们还没搞清楚轻重缓急。身为父母，我们需要以身作则，让生活合理：排除杂务，腾出时间来陪家人。

♡ 每个孩子都需要父母多一点的陪伴

爱钓鱼似乎是我的天性。相片里，我套上爸爸的长靴，差不多把屁股都盖住了。我妈还记得我从小爱钓鱼，到了夏天，她几乎每天都陪我走四百米到艾里科溪（Ellicott Creek），直到我够大了，可以和小钓友们自己走去；至于蚯蚓呢，则在我的口袋里蠕动。

虽然艾里科溪给了我无数的快乐时光，却从来没给我鳟鱼。纽约州西部的鳟鱼季始于八月，鳟鱼在我心目中，始终很神秘，从小到大，我一辈子没钓到过鳟鱼。当年，鳟鱼季一开始，报纸就会刊登照片：钓客大量涌入，在水里排排站，人群密密麻麻的，简直像张大渔网，让我很想去。

有一年，照片上报的第二天，我就走进运动用品店，花六毛钱买了一个小小的塑料鱼饵，形状像翅虫（那种脚很多的昆虫）的幼虫。还记得我当时去问爸爸，能不能带我到照片上那条有鳟鱼的溪去。大概有二十公里吧，对九岁的我而言，哪走得到啊！

我爸连中学都没毕业，工作很辛苦，不像现代父母那么有空。

他大概从来没钓过鱼。我那天实在好希望他带我去，但他走不开，或者，他不想去。

我只好自己到那条熟悉的艾里科溪，开始钓鳟鱼，心里很清楚那里是不会有鳟鱼的。我在混浊的溪水里站了一整天，水实在太混浊了，就算鱼儿们真的饿了，也看不见我的饵。

父亲无意中，为我留下了一个回忆。

你的孩子，可能也会向你提出这类傻里傻气、乱七八糟、纯属无聊的要求，你可能想都不想就说："宝贝儿子，现在不行。"或者："也许下个星期吧！"或者："你为什么不去玩玩具呢？"说不定，你一转身就把这件事给忘了。

但是，你的孩子可能念念不忘。

我对父亲并没有任何不快，我很确定他三小时后就已经忘了这件事，他根本不知道让我留下了这个回忆，但我希望作为父母的你不要忘记。难道，你希望孩子将来记得父子或母子间有这么一段往事？

我知道，我知道。你心想，给车子打蜡、清理垃圾，都比帮儿子黏火箭（他打算登上月球用的）来得重要。然而，种种孩子气里，都有个小小的心愿：希望你陪他。

就算是青少年，也有这样的心愿。《美国青少年》（*State of Our Nation's Youth*）年刊有份研究，是何氏协会（Horatio Alger Association）主持的，他们去问美国的青少年，最想把时间花在哪里。排名第一的，竟然是和家人在一起，然后才是去找朋友、运动、健身、看电视、上网，等等[13]。

你的孩子对你晋升为副总裁，并没有多大兴趣。你在芝加哥那场演讲顺不顺利，他们也不在乎。你的桥牌分数，或是你上一季玫琳凯（Mary Kay）的直销业绩如何，他们全都不怎么放在心上。

他们在乎的是：你有没有参加他的棒球赛，去看他排队等着挥棒？你有没有去学校礼堂，听他的小提琴独奏（虽然你已经在家里听他“杀鸡”杀了七个星期）？他心爱的床边故事，你有没有为他不厌其烦地从头到尾、讲了又讲？他们对这些事很在乎。他们在乎，你亲眼看着他首次骑单车前进了十米才倒下。他们在乎，他跌倒在地，手肘擦伤破了皮，而你亲吻着这受伤的手肘。

这些时间加起来，就是不一样。

我听说，少年看守所有个男孩，在接受个别指导的时候说：“嗯，我们能不能像那次……像有一次啊……你知道的啊……”他结结巴巴搜寻正确的字眼：“聊聊？对了！我们能不能再‘聊一聊’？”

统计显示，大多数孩子想要的就是：和父母亲“聊聊”。乔治·巴拿（George Barna）在他所看《真正的青少年》（*Real Teens*）这本书里提及他的研究结果：“（说到青少年和父亲的关系）最常见、也真正给孩子带来生命改变的是‘花时间在一起’（19%），以及‘希望有更好的沟通’（13%）。”[14]

这有没有让你大感意外？如果有，就牢牢记住吧！因为在网络游戏、MP3（下载音乐）、DVD的表象之下，这才是他们真正想要的。

♡ 你的孩子深深受到父母的影响

2000年春天，《天才老爹》里的喜剧演员比尔·寇斯比（Bill

Cosby）和我应邀到俄克拉荷马市担任讲员，讲题是关于暴力防治，当时有一万多人来参加。寇斯比让我担任开幕时的讲员，我偷偷在心里自我欺骗：他们其实是来看我的！

我们和好多人合照、握手。开始前，大概有半个小时，就只有我和寇斯比在后台。他是天普大学猫头鹰队的球迷，而我是亚利桑那大学野猫队的球迷，所以呢，我们就聊起篮球来。不久便谈到了当晚的主题：家庭对时下青少年的影响。

寇斯比（他儿子死于暴力）很希望知道我对当今美国家庭的想法。我在后台跟他讲的答案，也是那个晚上在台上跟大家互动而得出的结论：对孩子影响最大的，不是毒品，不是电影，不是同侪，而是父母。

这个答案对我来说毫不意外。当今提到对孩子的影响，我们常常怪这个、骂那个，其实呢，千万要记得：父母，才是最有影响力的。你的言教、你的沉默、你的出席、你的缺席、你的示范（不论好坏），对孩子这一生的影响，远比你所了解的还要深远。

为什么我这么确定？好吧，让我讲点自己的故事吧。

♡ 家的美好

我十九岁时开始收拾行李，打包离家。那时，我们家在亚利桑那州，但我讨厌那地方。有个来自纽约水牛城的朋友跟我说过，我可以去和他住一阵子。所以呢，我就收拾行李，横越美国去找他，真是自由自在啊！不幸的是，我的朋友很会喝啤酒，却很不守诺言。

我开着1950年的福特汽车，天黑才到他家，从屋里的灯光看来，朋友的父母还没睡。我不太好意思直接向他们自我介绍，跟他们说我要住他们家，所以我决定等。我们约好他下班后、晚上十一点半碰面。终于，他父母熄了灯。

那时过了十一点半，气温下降，我大概还耐得住，只是我的爱车没暖气。时间慢慢消逝，天亮了，我坐在车里冷得发抖。

那一夜，我有很多时间好好想一想。我闭着眼、裹紧外套，想象着睡在自己的单人床上，盖着自己的棉被，置身千里外自己的家。以前身在福中不知福，在那一夜，我明白了，金窝银窝，不如那千金难买的狗窝。

我终于明白，父母深切的爱与支持让我的生命不同。就这样，我心甘情愿地回了家。

也许，这就是为什么《我要回家过圣诞》（“I'll Be Home for Christmas”）这首歌总会让我流泪的原因。音乐里的忧郁提醒我：家给了我何等的祝福、何等的美好时光。我的家并不完美，却是个好家庭，对多数的孩子来讲，这样就够了。要记得，我们讲的不是天上的家，而是给我们许多祝福的家。

家就是这样，离开了，会让人魂牵梦萦，尤其是逢年过节时，更会让人想念。或者，当你在停在水牛城街旁边的车子里冻得发抖时，你最想飞回去的，就是千山万水外的那个窝。

♡ 孩子的恋家本能

孩子们还小的时候，我会送他们到奶奶家。他们都喜欢去，但恋家本能却又让他们想念自己的小窝。

“当我从奶奶家回到自己家中，我就可以坐着等座机电话了，不用手机，我也照样听得出是谁。”克莉丝。

总是克莉丝先打电话来报告他们正在做什么，顺便和我们聊聊。在我们家，克莉丝似乎是最受眷顾的。至今，她仍然恋家，她是我所谓的“以家庭为中心的人”（family-centered person），是恋家本能最强的人。

家，应该是避难所，是你的孩子一再回来的地方，因为他们在这里觉得很安全。双亲（parent）来自拉丁文*parentis*，意为“保护”。我讲的，不光是身体的保护，也指保护孩子免受“自私”（人皆有之！）的伤害。因此，你必须花很多时间待在家里和你的孩子相处。

比方说，我建议在家里举行庆生会之类的重要庆祝活动。没错，如果你不付钱，麦当劳叔叔不会把好吃的东西送到你的厨房来，必胜客也不会把美味的比萨送到小寿星手上。但是，为了让家成为家庭生活的重镇，你要为孩子制造美好的回忆，好让他们能一辈子回味。家，是熟悉的地方，是你度过许多时光的地方，是你闭着眼睛都会走的地方，是你不论身在何处都能借着回忆重温美好时光的地方。这样的家，是花费许多年打造出来的，是你此生最重要的回忆。

你虽不是超人，但你仍会是好父母。我总是跟为人父母者说：你可以是只鸟，你也可以是架飞机，但不论你做什么，都不要当“超级父母”（Super Parent）！不过，如果你想当好父母，“家”应该放在你心中最核心的地方。

♡ 最重要的是关系

“三十一冰激凌”的店员在帮你点餐时，会怎样？他会希望你每样口味都点，堆得高高的；而你才尝了几种口味，冰激凌塔就失去平衡了。真正的成功，建立在亲密的感情、与人联结和归属感上，而与死背知识、开发智能或是没完没了的活动无关。

梅·布鲁克斯（Mel Brooks）因为百老汇戏剧《金牌制作人》（*The Producers*）而一举囊括了东尼奖最佳音乐剧、最佳导演、最佳剧本等十二项大奖，这是史无前例的。有人问他的成功之道，他答道：“你知道的，我两岁以前，脚从来都不着地，因为爸妈总是轮流抱我、亲我、搂着我不放。”[15]

你的儿女长大后，会怎么形容你们家？他们会不会记得爸爸事业辉煌、很会打高尔夫球，却很少在家？如果真是这样，你儿子长大后当上首席执行官，很可能对他自己的孩子正眼看都不看，更可能完全不和你来往，那，你会作何感想？

我们大多数人都乐意承认：人生最重要的就是情感关系，没有任何事物可以与之相比。所以，为什么拿家庭去换船、去换委员会的席位，或是去讨好教会里的人，以博得一句“你好热心”呢？

也许现在看来，成就、物质、事业好像都很重要，但我向你保证，当你走到人生尽头，你会发现最重要的还是情感关系。

何不今天就承认这事实？趁你还有时间去做点什么，承认这事实吧！

爸妈**经验**齐分享

- 当你有了孩子，你的家庭生活会因此有些调整，你不能像往常一样过日子。
- 科技不见得会让事情简化，评估一下，这些科技产品为你省下多少时间，或花掉你多少时间。
- 问自己：是谁让我的生命真正有所不同？为什么？我希望孩子将来记得我什么？
- “和家人在一起”是美国青少年的最大愿望，他们最想把时间给家人。
- 每个人都希望自己的孩子成功，但并不是每个人都能为成功下定义。真正的成功，建立在亲密的感情、与人联结和归属感上，而与死背知识、开发智能，或是没完没了的活动无关。

3 与孩子优质共处的美好时光

♡ 测验一下

关于以下叙述，你认为是“对”的，还是“错”的？

★ 亲子时间重质不重量。

★ 只要我为孩子牺牲，就是好父母。

★ 不论孩子要什么，都应该让他们自由表达。

★ 大多数现代小孩拥有的，是我小时候没有的，但现在我的孩子应该要拥有。

★ 活动多对孩子有益，让他们尽量吸收吧。

★ 资优生就是人上人。

★ 让我的孩子早读书，是让他提早起步。

★ 我的孩子必须得第一。

★ 有志者事竟成，我的孩子一定会成功。

你有没有发现，每道题你自己可能都认为是“对”的？如果是，那你就落入现代父母的迷思里了。如果你认为都是“错”的，也许你心里会想：好吧，李曼博士，你直接告诉我，到底哪里有问题？

让我们好好想一想，就是这些迷思害我们掉进活动陷阱的，而且，还害我们的孩子老是在外面跑来跑去，以至于享受不到家的种种好处。

♡ 迷思一：亲子时间重质不重量

“太棒了！”爸爸扛着高尔夫球具离开公司时，打电话给妈妈，“老史会帮我把克劳维的演奏录下来，今天要跟新客户打球，我还真不知道怎么跟人家改时间呢，好险最后一分钟搞定了。晚上我会回去，让我来哄儿子睡觉！”

请相信我，钢琴演奏会就要开始了，紧张兮兮的小克劳维望向观众席，只见摄像机的镜头反光，却找不到父亲关爱的眼神，那时，他心里是得不到多少安慰的。尤其是，如果爸爸说好会来。

“但就像我也在现场啊！”爸爸辩称，“我保证史爸爸会把全程都录下来！”

爸爸不知道的是，他觉得自己在现场，儿子却觉得老爸的位子像个黑洞，正伤感情地提醒他：老爸没兴趣，老爸不看重我。

没错，如果当天晚上爸爸去哄儿子睡觉，发现儿子正在装睡，就不要觉得奇怪了。

你不能假装很宝贝儿子，然后再用一点点“优质时间”来打发他。所谓的优质时间，几乎都是以父母的方便来考虑的，而不是以孩子的好恶来考虑。孩子就算搞不清十除以二等于多少，也知道自己在爸爸心里的分量不够。就算你可以骗得了一时（比方说，趁出差带个礼物回来），他们早晚会知道，这些“纪念品”的代价是——和你相处的时间。

学步儿不懂得抽象思考，他只看你在不在他旁边。不论你是去上班，去打高尔夫球，还是到教会去活动，在他看来都一样，不在就是不在。他的小脑袋只管一件事：你在，或者，你不在。他真的会问：“爸爸说爱我，如果是真的，那他怎么不想多陪我玩一会儿？”

大致上，孩子愈常看到父母，就愈觉得生命是安全的，是确定的。这并不是说，你要把他当成宇宙的中心，但只要你很有规律地人在心也在，就算是只做了一些不起眼的小事，孩子也会大不相同。

这么说也许会让你有罪恶感，但“陪伴”就是制造机会。想象一下，每隔一个星期，就带小儿子或小女儿去外面吃顿午饭什么的，这将会对他们带来多大的影响。或者，与其坐在你心爱的沙发上、埋首在报纸里，还不如把报纸摊在桌上和孩子讨论。有好多年，我和女儿荷莉每早一起阅读《美国时报》（*USA Today*），我看体育版，她看娱乐版，这些时光，至今她仍津津乐道。

小时候，我和我爸一起看电视，他会替我抓背。三十分钟的节目，我们会在中途交换，换我替他抓背。这些父子相处的时光，我觉得比我这辈子拥有的任何车子、房子都更有价值。就算那些没从父母那里得到满足感的孩子，或是来自问题家庭的孩子，也十分珍惜这类难能可贵的美好时光。

关于这些优质共处重质不重量的迷思，为什么我们会不假思索就接受呢？因为，接受这一迷思，能把我们自私的行为合理化。我们一心一意追求自己的彩虹：维持一个完美的家，追着看每一场球赛，甚至为了得到同侪的肯定而参与教会活动。我们才不肯被孩子套牢呢！

对孩子而言，与你共度的优质时光就是优质体验。如果今天晚饭后，你拿个小碗，放一球小小的、超贵的巧克力冰激凌，另外再拿个大碗，用超市买的便宜冰激凌堆成一座小山，两碗都放在三岁儿子面前。猜猜看，他会选哪样？当然是那座小山。在孩子心目中，量是很重要的。这就是为什么孩子蒙着眼睛光用闻都找得到城里可以保证吃到饱的比萨餐厅。

没错，讲到亲子共处，质重要，量也很重要，不能只在忙碌的行程里硬挤出点时间来打发孩子。多花时间，会让时间更有质量。到外地去赛球，或课后才艺班，可能很有启发性，也很有教育性，可是，为孩子安排三次这类行程时，也就同时削减了亲子共处的质与量。在家里，孩子才能得到好处；在接接送送的路上，是没有这种好处的。

♡ 迷思二：只要我为孩子牺牲，就是好父母

我正和一对夫妻通电话，他们的儿子今年七岁。他们把所有一切都给了儿子，不幸的是，儿子扮演的是小暴君凯撒皇帝（Julius Caesar）。

乍看，你可能大感意外。这是个关系良好、信仰坚定的家庭，父母只希望儿子出人头地，此外别无所求。事实上，父母用尽一切资源，只求儿子成功。只要是地球上找得到的机会，即使地上没有只有天上才有的（比方说，太空体验营，而那年他才四岁），他们都会给他。

他们不懂，为什么儿子不想当伟大的航天员，只想当小小的外星人。他在学校品行端正，但功课都不做。在家，他开始拒绝跟爸妈说话。

从电话里的交谈中，我很快就发现，问题并不是他们不关心儿子，而是太关心了。

走进我诊所的父母，有一半是过度关心孩子，可能是要求完美，也可能是太注意孩子，把孩子当成全家的中心。

父母过度关心？你也许想说："爱他，怎么会太过关心？"

如果你过度关心，会削弱孩子的自我形象，会让他有窒息感，他可能这么想：如果爸妈没帮我，我可能什么都不会。他们显然不相信自己能做出什么来，所以呢，什么都不做可能还比较好。这样，他们就不能怪我功课不行，也什么都不能怪我了。孩子也许不会这么讲，甚至不会察觉自己有这么想，但这是事实。

有些关心过头的父母，以为自己是为孩子牺牲，其实是管得太多。

想象一下，如果有个紧迫盯人的老板，他的标准高到不可能有人做得到。为他工作几个月后，你好像深陷办公椅中动弹不得，而又如芒刺在背。你怕接新案子，开始幻想比较没压力的工作（如，去拆除炸弹，或是在最忙碌的机场塔台担任航管员，那些工作还比较轻松呢）。想象一下，如果你站在孩子背后看他做功课，他会背脊发凉，觉得你好像拿了秒表在计时，如果你冷不防走进他房间，他会整个人跳起来。你，真的希望孩子这样看待你吗？

紧迫盯人的老板，态度是这样的：要不是我盯得紧，你一定得搞砸。"为子牺牲"的完美主义父母，传达的也正是这样的讯息。

在家教养孩子与紧迫盯人是不一样的。和孩子在家，并不表示你要担任品质检验员，也不表示你要负责搞笑。我们的小女儿萝伦六岁时，只要没人陪她，她很快就会嫌无聊。和朋友或兄弟姊妹玩完了，五分钟后，她就会到我这里来，把脸拉得长长的，跟我抱怨："我——好——无——聊——哦！"

我并没有"舍己救女"，既没有跳起来去拿出五子棋，也没有去找出纸张、剪刀、胶水。我只是笑着跟她说："宝贝，如果你想整天都无聊，可以啊。等到你无聊完了，欢迎你回到快乐人生！"我并不是李曼家的文娱委员，如果孩子想要无聊，我不会阻止！

管太多，很可能不是故意的。小贝福（Budford）踢痛了脚趾头，黏着妈妈想引起她的关心。妈妈把他抱起来，安慰他，可能不小心安慰过了头。小贝福再次受伤时，会到同一个急诊室，期待同等级的急救，加上一根冰棒来止痛。

关心过头，反而会强化非你所愿的习惯。再说，你总不会希望让孩子养成这样的习惯，甚至持续到他念完研究生吧。

帮他，什么时候变成了害他？原则是：别为孩子做他自己能做的事。

这并不是说，我不会帮萝伦把牛奶倒进早餐玉米片里（她会自己倒啊，顶多就是洒一点出来嘛）。她超爱我帮她拿那一大瓶牛奶，而我也乐意为她效劳。这是一种爱的表达，会增进父女关系。

但是，如果萝伦决定赖皮，不肯做她起先答应要做的，要我帮她打个电话去取消。那么，我就会说："你自己打给江太太，跟她说你不能去帮她看小孩了。当初是你跟她说可以的，现在，你自己来跟她说你不去了。"

帮她取消约定，看起来好像是出于爱心，其实只会让她长不大。这样的“牺牲”，对她、对我，都没有好处。

不要帮孩子收拾烂摊子。如果你的孩子一直都没办法把功课做完，或者，不论做什么都懒洋洋、活像被麻醉了似的，那么，他很可能是活在紧迫盯人的阴影下。

至于孩子像小暴君的父母，我劝你要学着勇敢，勇于去当那不完美的父母，这可是心理医生的叮咛哦。不要太努力为孩子做所有的事。这孩子够聪明，如果父母不肯放手，他只能一直留级，一直念小学二年级，岂不就断送了他的求学生涯？

你最能为儿女牺牲的就是：放弃你自己的主观期待。

♡ 迷思三：不论孩子要什么，都应该让他们自由表达

珊蒂、我和一位母亲及她的两个儿子在餐厅里，我们和这母子三人好几年没见了。那位母亲的儿子聪明又可爱，是那种会出现在早餐玉米片广告或儿童节目里的小孩，但就像典型的小明星，不太听话。

其中一个四岁的儿子“训练有素”，知道怎么虐待人。他开始在桌下用指甲掐我的腿。也许是我怪异的表情，让母亲想要转移儿子的注意力。儿子后来的反应就是动手打妈妈。

“哦，你就是专门治这种男生的！”母亲边说边哈儿子痒，故作轻松。

我心想：这位女士，男生和女生虽然是不一样的，但都需要管教。有时候，需要有人为他们划一条界限，让他们知道不可以打

人，不可以拿妹妹的东西，也不可以在休旅车上造反。

我很用心培养孩子的性情。但若有人以为孩子生来就是小天使，应该丢根棒棒糖给他们，这样反而会把他们心里的小魔鬼引出来。界限是必要的。孩子所有的本性并不都是好的，父母要学习分辨，不要一味地鼓励。

杜布森（James Dobson）博士是我的好朋友，他告诉我，有个小学把操场上所有的围墙都拆了，好让孩子有更大的活动空间。有围墙的时候，孩子们会一直玩到围墙边；现在呢，却只会在操场的正中央玩。界限，会让孩子坚强、稳定、有自信，他们需要界限来告诉他们，哪里安全，哪里不安全。

今天，许多父母希望孩子自由，不论他们想做什么样的人都可以。但是，如果你完全任由孩子主导一切，你就是否认了你身为父母所拥有的智慧。

你不必把这样的重大责任交给“专家”、媒体或老师，更不必交给你自己的孩子。在家养大的孩子，是有界限的。

♡ 迷思四：大多数现代小孩拥有的，是我小时候没有的，但我的孩子应该要有

让我先把这点讲清楚，免得你漏看了：好处多多的家，并不会给孩子最佳装备，而是给他们爱、关心和安全感。

最近，女儿萝伦加入了学校的垒球队。我们觉得蛮好的，但并不急着花五百美元给她买最新的行头，她可以用姐姐的手套，而且，前面有一个哥哥三个姐姐，家里已经很像超大型选手休息室，没必要再花钱买球棍，要借，多的是。

练球不久后，她在吃晚餐时开口了："爸爸，我需要一双钉鞋。"

请注意：不是"可以帮我买钉鞋吗"，而是"我需要一双钉鞋"。

"真的吗？"我说，"宝贝，你知道啊，我打球打很久了，还参加明星队哦，可是，我都没有钉鞋。"

"可是，其他人都有！"萝伦说。

"嗯，我们看看再说。"我说。

我故意不置可否，先去看她练球。有些孩子有钉鞋，有些没有。到了第一场比赛时，所有女孩都有了钉鞋，只有萝伦没有。有些女生神气活现的样子，让人家以为她们打的是亚利桑那钻石队（Arizona Diamondbacks）。

我还是没帮萝伦买钉鞋，我非常清楚这对一个体重三十公斤的小孩有什么影响——会让她承受五十公斤的同侪压力。萝伦说的没错，的确每个人都有钉鞋。"但我不希望你和其他人一样"，我跟她解释。

我没讲出口的是，如果她和"其他人"一样，她很可能在念完高中前，就吸毒、和人上床。和其他人一样，是最烂的一个理由，我拒绝接受！

钱，不是重点。你也许想问："如果买得起，为什么不买？"

理由如下：我不希望我的孩子以为，只要她一加入球队，就算只有一个月的热情，我就会为她添购全套最新的高科技行头。小孩的兴趣变来变去，耐久度还不及内衣。如果你每次都为她来个整套，不久，你家车库就可以办个跳蚤市场，专卖运动用品了。孩子也会以为：只要开口，要什么有什么。

如果你想在家里把孩子养大，你会希望孩子拥有哪些难忘的烙印？别家父母怎样，你就怎样吗？你也许说：跟随潮流嘛，不管合不合理。

我希望等一年，看看萝伦是不是还喜欢垒球。如果还是喜欢，我可能会花钱帮她买新手套、新鞋，请注意，只是可能哦！

你也许会说，李曼真是怪胎，竟然让自己女儿穿网球鞋去打垒球。你可能以为她会觉得受委屈了，但是，等到有一天她放学回家，兴高采烈地跟我说"爸爸，你一定要帮我喂球（丢球给我）、陪我打网球"，我就会把旧到不行的球套（她自己也觉得好笑的旧球套）丢掉。我相信之后我们父女俩会一直记得这段美好的回忆，这段回忆会比那双六号钉鞋耐久，至少可持久一百倍。

花六十块美元买双鞋，并不需要太大的奉献或牺牲。比萝伦早到家，或者安排时间陪她练球，才是更需要付出代价的，这才是真正可以让她得到好处的。

你知道吗？有趣的是，萝伦最后忘了鞋这回事。等到她的队友们看惯她穿网球鞋，就没什么大不了了。

我们给孩子什么，其实并没有那么重要。那什么才是重要的？答案是：我们的全心投入，我们的在场陪伴，我们给她的东西，这些都很重要。萝伦知道，我不会花六十美元帮她买鞋，但她也知道，我愿意把命给她。如果她需要移植肾脏，就算我只有一个肾，也会第一个跑去捐肾。需要输血？如果必要，把我的血全抽干吧！

我很惊讶，有许多父母对何谓溺爱毫无概念。我相信，这样的错觉来自于：如果我们爱孩子，在能力范围内，只要他开口，就给。如果别的孩子有，而我们不给，孩子会恨我们，或者会输给人家。我比较有兴趣的是：教孩子分辨哪些期待是实际的，教他们心存感谢。

举个例子吧。汉娜十六岁的时候，我们的计算机还是用蒸汽机推动的。她用这台古董计算机来做功课，和同学互通电邮。这计算机比老牛上树还慢，拥有的记忆（内存）还不及出生两天的婴儿。

儿子小凯文说："爸，再过两年，汉娜就要上大学了，到时候她会需要计算机。我们这台古董计算机实在老到不行，到时候她会不够用的。你怎么不考虑帮她买笔记型计算机？苹果iBook就很棒啊！"

珊蒂和我比较懂量子物理、古亚兰文，比较不懂计算机，讲白一点，我们是计算机白痴啦！我曾误以为"硬件"（hard drive）是指开车回家很不顺，以为如果要"烧（刻录）一片CD"（burn a CD），一定要去消防队申请许可。但没关系，小凯文很懂计算机。

汉娜高兴极了。她还没开口哩！计算机就像从天上掉下来一样，立刻就出现在她眼前。她从来不会用"我要一台计算机！"这种口气向我要东西。

汉娜拿到计算机的第二天早上，珊蒂问我："你看到便条纸没有？"我走进厨房，是有张纸条：

我只是想再次谢谢你们。

我好爱你们，谢谢你们帮我买计算机。

你们的汉娜

在好处多多的家庭里，父母都想听到孩子感谢父母的话。感谢的话是值得写信回家，或是用电邮传回家的话。

到现在，我还是搞不清楚计算机光盘驱动器里的“那片薄薄的杯架”是怎么弹出来的……

迷思五：活动多对孩子有益，让他们尽量吸收吧

“身为校排球队队长，又是学校交响乐团的首席长笛，又是网球队的最佳队员，又是每晚花三小时做功课的荣誉学生，安德莉亚·加兰博斯（Andrea Galambos）在课余还修了声乐和艺术，每天有十八小时的满档。安德莉亚自己说：‘我坐下来喘口气的时间，从来没超过五分钟。’她就读于康涅狄格州西港的史代波高中（Staples High School in Westport，Connecticut）。有时候，她早上根本不想起床，因为事情太多了。”[16]

我再怎么努力，也没办法平衡这么糟糕的安排。

许多孩子的行程表简直可以媲美奥运选手。有些父母还因此有病态的骄傲，因为他们不但自己参加“老鼠竞赛”，以忙碌为荣，还要孩子也忙个不停。其结果就是孤立了孩子，真是悲惨。

你也许想说：可是，李曼博士啊，你一直在讲活动太多，却又不告诉我们，到底多到什么程度才算是太多？

你真想知道？我的建议是，每个孩子每个学期只参加一项。如果萝伦想加入女童子军团，就只有女童子军。如果她想加入垒球队，就只有垒球。有太多父母以为，只要手脚动不停，就会快乐到不行。这些孩子可能会快乐一时，会乐在其中，甚至会为了韵律课

而放弃家庭野餐。但是就算活动可以让我们开心，可以锻炼身心，可以教我们很有价值的功课，却不能让一家人成为一家人，除非全家集体行动。

如果你那十来岁的女儿每晚练垒球，每个周末到全美各地去比赛，当她和男友分手时，她不太可能会伏在你的肩上大哭一场。如果孩子总是出门在外，练习怎么投下坠球、怎么反手救球，你们之间不会有固定、有意义的对话。

不安排外面的活动，而在家自由活动，会让你有机会和孩子培养感情；除此以外，别无他法。适度的活动是好的，但是待在家，和家人在一起，是无可取代的。

♡ 我们需要拒绝迷思

“真心相爱就可以上床”、“同居好处多”、“不合，就离婚嘛”，都是我们必须拒绝的迷思。同理，避免一些养儿育女的错误观念，也是必要的。我还没有讲完所有的迷思，剩下的就留待下一章。

爸妈**经验**齐分享

- 和孩子相处，要质与量并重。
- 在家教养孩子，不是把孩子当成宇宙的中心，不是把孩子盯得死死的，也不是为他们牺牲一切。
- 不能任由孩子为所欲为，他们需要界限。
- 你以前没有拥有的，就算现在的孩子好像都有，你的孩子也不一定就要有。
- 给孩子他们需要的，而不是他们想要的。
- 外面没完没了的活动，对孩子并不好，待在家里的自由时间对孩子更有益。

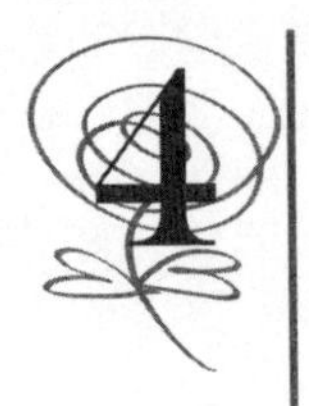

有志者事竟成？

我们在第三章检视了几则迷思。现在让我们在显微镜底下再细看几则吧！

迷思六：资优生就是人上人

偶尔会有家长在我演讲完后来找我，通常他们自我介绍时会说："我的孩子是资优生。"

他们的口气好像在告诉我，上天正全力宠爱着这无与伦比的灵魂，全世界的人都该靠边站、肃然起敬。仿佛这个"资优"生，早晚会出唱片、出书或成为体育明星，要不然，就是在《财富杂志》（*Fortune*）选出的全球五百强大公司任职，坐享高薪。

我可能会脱口而出："哦，很抱歉，请节哀顺变。"

然后，家长就会站在那儿傻了眼，"你是什……什么意思？"他们愣住了，因为他们以为大家一听到资优生，就会翘起大拇指哩！

这是可以理解的。多数人所谓的"成功"，就是让孩子成为人上人，打造一个更好的社会。那谁最有资格鱼跃龙门、平步青云？

当然是资优生啦!

其实，我们全都站在地平线上，没有谁比谁更强。比方说，我不会以皇帝自居，视儿女为臣仆。我们是彼此需要的，在人生旅途中，家人结伴同行，因而紧紧相系。

人生不只是比成绩，更重要的是品格，也就是——我们是谁。是不是资优生，并不是重点；如何使用这些天分，才是重点。

我跟我的孩子说：“重要的不是你做什么，而是你是谁。”天分只是工具，只有懂得去运用，才会是祝福。你的儿子也许背圆周率能背到小数点以下十位，但是，当他和兄弟姊妹分糖果时，是否能做到公平呢？你的女儿可能是拉拉队队长，是决赛女王，是在毕业典礼中致词的毕业生，但是，当她看见一个毫不起眼的“普通”女生正走过学校的走廊，她是用什么眼光看待这女生的呢？

聪明？很好啊！但是，聪明可以很容易地送你的孩子到麻省理工学院，也可以同样很容易地把你的孩子送进监狱。（有没有听说那些搞内线交易或网络黑客的都是很聪明的人？）有才而无德，就像去参加赛车，眼看着就快爆胎了——跑直线虽快，转弯却很危险。人生，就看我们在这些弯道上如何转弯，有些转弯是很小的锐角。

不论你的孩子是不是资优生，父母都需要帮助他们专注在态度上，而不是表现上，如此一来，他们才能准备好面对人生。这样的准备工作，需要通过在家里大量的亲子互动来实现。如果父母总是只看到他在舞台上、在篮球场上表现良好，这是不够的。

♡ 迷思七：让我的孩子早读，是让他提早起步

你的孩子是不是“小天才”？

“小天才”认得颜色，也会唱字母歌，会跟着《芝麻街》的节目内容，从一数到十（用西班牙文哦），也会毫不犹豫地读出故事书里的字。如果这小天才在秋天出生，让他早读一年似乎挺不错的。

拜托，万万不可。

要记得：有很多好处，是孩子在家里才能得到的。

如果你很重视孩子的成绩，所以想要让他早读，那么，你很可能是在帮倒忙。不论是从社交层面或情绪层面来看，孩子很可能都还没准备好。孩子何时去读幼儿园比较好？是让他成为全班最年幼的？还是等到他成为全班最年长的？如果你问我十次，有九次我会答：让孩子成为班上最年长的（有一次例外，我在第九章会再讨论）。

这个决定所造成的影响，通常不是马上就看得出来的。通常是到了课程的难度大幅提升（比方说，升上小学四年级），或是到了中学，孩子的身体外观开始起了变化时，才会看得出来。避免让孩子早读将会对孩子产生正面的影响，且是很惊人的影响，尤其是对男孩子。

到了青春期，女生可能会变得叽叽喳喳、爱讲话，嚷着要嫁给教体育的男老师，而男生可能会把教英文的女老师看成自己的老妈。这半个世纪以来，我们已经知道女生比男生早熟。给儿子多一年的时间，让他的身体再成熟些，到了青春期，他会更有自信，尤其是对那些喜欢运动的男孩，这一年太重要了。

注意到了吗？我说的是“他会更有自信”，而不是“让他在美式足球场上，成为更会传球的四分卫”。孩子情绪层面和社交层面的发育，远比他的表现是第一名还是第二名来得重要（不管是哪方面的名次）。孩子到了三岁，与其急着把他送进贵族幼儿园，还不如把他留在家里，爱他、陪他玩。等到孩子达到入学年龄，太棒了，让他去上学吧！对他而言，学校里的学习当然很重要！

如果你还在考虑让孩子早读或跳级，你可以先问自己以下这些问题：

★ 我真的是为了孩子而做的这个决定吗？还是我只是为了自己？

★ 我们的家庭活动已经够紧凑了，这个决定会不会让我们忙不过来？

★ 这个决定是不是只是要让我（或另一半）提早一年回到职场？经济因素是不是主要的考虑？

★ 是不是因为想和兄弟姊妹、左邻右舍或亲朋好友的孩子比较？

如果以上的问题，你全都答“是”，那就请你三思。你现在或许不觉得“决定不让孩子提早入学”是什么聪明的决定，但十年后，当你在孩子身上看到自信，到那时候，你就会来感谢我。如果你在意的是孩子的幸福，而不是“不能输给那些资优生”，那么，我所说的岂不就是最佳的鼓励？

让你的孩子享受童年吧！别催着他们长大。

♡ 迷思八：我的孩子必须得第一

我十二岁时，加入了地区性的明星小联盟（All-Star Little League），担任三垒手。可以说我是比赛的“决胜关键”，不过，我并非东方不败。

不管怎样，当我们和别队比赛时，我觉得自己仿佛到了天堂、快乐得不得了——只有一场例外。

最后一局的结尾，二人出局。对方二、三垒有人，教练重新布局，把我从三垒换到了一垒。

最后这位打击手，打出滚地球，滚到了三垒手面前。占据在三垒的那个人奔向本垒，想要追成平手。占据二垒的那个人正跑向三垒，如果他也得分，我们就输了。说时迟那时快，三垒手在内野接到球、速传一垒，只要我接到、封杀，比赛就会结束。

结果我没接到。

他们跑回本垒，我们输了，或者讲白一点，因为我漏接，我们输了。

结果对方欣喜若狂，我们却愣在一旁，不敢相信他们突如其来反败为胜的情形。

我开始啜泣。

直到现在，我的脑子里还能回放队友的责骂：嘿，笨蛋，你只要接到球，我们就赢了！

这个回忆太让人难忘了，但教练接下来对我所做的一个举动，更令我难忘。

我们这支被打败的队伍慢慢走向三垒，而我们的休息区也在三垒那边。教练走向我，伸出手臂搂住我，并和我一起穿越内野。

"凯仔，"他叫着我的绰号，"如果不是你，我们不会打到今天。"

这句话以及搂着我手臂的这个动作，让整个世界都不一样了。他原本可以让我情绪崩溃的，但他没有，反而送我一份价值连城的厚礼，那就是"自信"与"眼光"。

多数人老早就知道一项事实：很少人可以样样得第一。小孩最需要学的功课就是如何成为倒数第一，如何去经历失败，如何从失败中学习，因为在人的一生中，挫败常是不速之客。

不幸的是，许多父母以为，他们最重要的任务是测试孩子的能耐、看看孩子长大后会不会成为迈克尔·乔丹（Michael Jordan，NBA 明星球员）或玛莉·雷顿（Mary Lou Retton，奥运体操冠军）。其实，父母更重要的任务是让孩子明白自己的能力都是有限的，而不是让他们期待"只许成功不许失败"。

人生"大获全胜"并不能用来决定我们是谁。用来决定"你是谁"的，乃是当你在人生的棒球场上被三振出局后，如何重返打击区的态度。无法随心所欲、诸多不顺并不是全世界最悲惨的事，因为这些反而可以训练我们成为谦卑的人。成家之后，你我早晚都必须学会尊重配偶的感觉，所以，谦卑是必要的。

♡ 迷思九：有志者事竟成，我的孩子一定会成功

有志者事竟成，大致上是没错，但我再怎么努力，你也不可能看到六十岁的我，带队去参加下届奥运的四人雪橇赛。事实上，人不可能因为下定决心就什么事都做得到。

这个道理很简单嘛，对不对？可是呢，知易行难，倒是没有太多人肯承认。比方说，很多孩子很爱唱歌，想象自己是明日之星。但只有少数几个有好嗓子、有好机会的人能够成为职业歌手。老实说，对破嗓子如我的人，连教会唱诗班都不会录取我，要我在大型演唱会上高歌一曲，更是免谈。

这是不是代表你的女儿就不能享受唱歌的乐趣？当然不是。这是不是表示你不该同意她去参加学校合唱团，而是要她去做她能胜任的事？也绝对不是。不过，她不太可能赢得下届金曲奖，也不太可能录制热卖的唱片（虽然时下有些音乐会让我觉得还是有例外的）。如果你老是梦想着成为星爸或星妈，就会让自己挫折，也让孩子挫折。

一个眼光独到的好教练，会让你知道你的孩子是否天生就是运动员的料。马克·麦奎尔（Mark McGwire）的父亲一直到他十二岁时，才让他加入正规的棒球队，结果他一出场就打了个全垒打！真正的运动天才（那种可以成为职业好手的），大多从小就展现出天分。就算你的孩子是伊利诺伊州皮欧里镇（Peoria）的最佳球员，他还是必须和世界级的好手一较高下。要让孩子能够面对各种现实，就先培养他的品格，再培养各样的技巧吧！

留心寻找注重品格的教练。有些教练太过热心，可能不够踏实，尤其要小心的是，别让他们把自己的梦想强加在孩子身上。身为父母的你和我，都不该借着孩子来圆自己的梦，孩子的教练更不应该！

到了念书的年龄，有些孩子再怎么努力，也不会是全班前几名。可是，有些中等资质的孩子，却被父母要求要有漂亮的成绩单，只因为他们希望孩子能挤进一流大学。

这些父母一直很担心孩子的表现，以为只有成绩能反映出孩子的价值。这样的看法仅仅反映出父母的价值。老实说，成绩只能衡量学生在教室里的表现。讲得更直白一点，连学生有没有学到东西，成绩单都无法呈现。

历史上好些伟人在学校却表现欠佳。校方以为爱因斯坦是块朽木，你能想象爱因斯坦小时候，老师在他背后唠叨吗？

“爱因斯坦、爱因斯坦，你在干吗啊？你应该练习写A和B就好，那个E是干吗的？那个小写的m和c又是干吗的？为什么你要写数字？今天下午我要打电话给你妈！”

要改变世界，智商不见得有用。爱才是最重要的。

圣诞树树梢有颗最闪亮的星，然而，并不是所有的孩子都会成为那颗星。想要在家里教养孩子，可以参考以下几个重点：

★ 你的孩子够努力吗？

★ 他有没有学习耐力、学习工作的价值？

★ 如果他正在学习思考，你如何用创意启发他的天分？

★ 在学校里，他会不会为朋友着想？

这些问题的答案，远比孩子的成绩来得更重要。

爸妈经验齐分享

- 资优生未必会成功。
- 不要催孩子长大。如果你不太确定要不要让他早读，就还是不要让他早读。再等一年，会让他信心大增。
- 这个世界竞争激烈，重要的是：让孩子学会接受即便是倒数第一，也能虽败犹荣。
- 不论孩子多努力，有些目标仍有可能是永远无法企及的。好的父母会承认自己的孩子的能力是有限的。

财富重要还是家庭生活品质重要?

20世纪40年代，我们住在纽约州西部的小镇，那时是收音机称霸的年代，电视机根本还没出现。当时，杰克·班尼（Jack Benny）的广播喜剧相当受欢迎。1948年3月28日，这位大明星播出了很幽默、很出名的一集。那集演出的主题是班尼的吝啬个性。当他在回家的路上，夸张地苦着脸。

“别动！”抢匪说，“我正拿枪抵着你。”

“啥……？”

“你听到了！”

“先生……先生，把枪放下！”

“闭嘴！来吧，要钱要命？”

一秒钟过去了、两秒钟过去了，班尼没搭腔，收音机前的听众开始大笑，因为大家想起了班尼的小气，显然他碰到了很大的难题。

抢匪火大了，大吼：“听好，老兄，我问你要钱还是要命？”

“我还在想！”班尼顶回去。

听众又大笑，足足笑了两分半钟，这是广播史上笑声持续最久的一次。

好笑的是，班尼的反应道尽了一个悲哀的事实：许多人在选择钱财（房子、车子、假期）或生命（健康、与配偶儿女的关系、情绪健康、灵性健康）时，就是这么难以决择。你我就像班尼，似乎总是牢牢抓住我们的钱、超时的工作量，或是实行浪费无度的生活方式，就算知道这么做可能会赔上我们的家庭，仍然执迷不悟。

你有没有检视过自己行程表上的半小时空当，以及开支票的登记栏？去看看吧，你会发现你的优先次序。如果问你要钱还是要命，你也许也会站在那儿，大叫："我还在想！"

♡ 不要当设计家的摇钱树

麦当娜（Madonna）、莎拉·杰西卡·帕克（Sarah Jessica Parker）、席琳·狄翁（Celine Dion）、男模埃勒·麦克弗森（Elle MacPherson）和葛妮丝·帕特洛（Gwyneth Paltrow），他们都有一个名牌婴儿推车。

"哇，这是银肯辛顿童车（名牌婴儿推车），只卖2 200美元。"

我的第一辆车，价格比它少了一个零！

为了配得上名牌推车，你可能会去买个有品位、售价1 070美元的路易威登纸尿布专用包包，或者去买个普拉达名牌包包——价格较便宜，只要820美元。

这些父母在砸大钱时，难道没想到纸尿布包包里塞的是什么吗？

戴维·莱特曼（David Letterman）终于当了爸爸，麦当娜送了一双小E.D.A.（Little E.D.A.）的小羊皮婴儿靴。这双羊皮小鞋，会让小脚舒适又暖和，但是，花158美元，也许只能穿两个月。

如果你真的很想炫耀，你可以学电影明星克里斯·欧唐纳（Chris O'Donnell），花4 599美元，买一幢两层楼的玩具屋。也可以学篮球明星杰森·基德（Jason Kidd）夫妇，花5 699美元买个消防队玩具组，或者是8 299美元的棉花糖庄园玩具组[17]。这些玩具的价钱，比我从小住到大的那幢真的房子还贵！

一般来说，美国家庭比以前任何时代都富足。我知道，你可能想到至少有一些人比你有钱。但如果你还没有达到要绞尽脑汁用大米与豆子来做第八十七种吃法，如果你头上还有天花板、身上还穿着整齐，那么，在财富方面，你属于人类历史上的上层阶级。

当然，我们的孩子很少为这一事实心存感激。

“爸，”有一次，我去接女儿放学，她问，“我们能不能在汉堡王停一下？”

“当然可以啊！”我转个弯，买了双层汉堡、薯条和奶昔。

“萝伦，你知不知道，”开出停车场时，我跟她讲，“小时候，我完全无法想象我爸开车去接我放学，因为我们都是走路上学的。”

“我知道，”她咽下一口食物，然后说，“两英里（约3.22公里）。”再继续吃喝。

“没错！要走两英里路。”

“而且还下雪。”她加一句。

“没错，还下雪！”

萝伦可能都听腻了这些故事，但我小时候真的无法想象被家长接送的滋味。当时许多人家都穷，我们家也穷。我还记得当时都把热狗切成两半，分两顿吃。当时最让我觉得开心的时刻，就是和爸妈在星期五晚上去看场高中篮球赛，然后到那家叫做殖民屋（Colonial House）的餐厅，点一份三毛钱的汉堡、一份两毛钱的巧克力圣代。

在成长的过程里，物质上不能要什么有什么，也有好处；你会很容易因为一些小小的事物就感到开心满足。

今天，世界不一样了。有太多人是用金钱来衡量自己的价值：车子是哪一年出厂的，哪一型号的？房子几坪，坐落在哪一区？孩子的衣服是什么牌子？连我们花多少时间工作或从事活动，也拿来当做成功与否的指标。

其实问题并不在于钱本身。我们需要食物、住处、衣服，才能活得下去。在我们住的小区里，车子几乎是必需品，偶尔享受一下现代文化，也挺好的。问题出在我们对自己所拥有的事物有多大的胃口、多少的欲望，以及花多少时间“提升”生活质量——花多少时间陪家人。

♡ 自食恶果

我的大女儿荷莉十八个月大时，太太珊蒂和我想帮她买双漆皮童鞋，来搭配她漂亮的红洋装、白袜子。店员已经找到了我们想要的鞋子。接下来，该问问我内心深处的那个问题，那个出于男性本能会问的问题：“多少钱？”

店员回答："三十二美元。"

在1974年，如果电视机卖三十二美元，是相当合理的价格，但三十二美元的鞋就太贵了。再说，这又不是镶着红宝石的拖鞋。在孩子还来不及双脚并拢大喊"万岁"时，我就已经决定不为宝贝女儿买这双鞋了。

我们是可以追加预算，把鞋买下来，然后再加班赚钱。但若要为一双小鞋（或为一辆更豪华的车子、一幢更豪华的房子）加班，我当时觉得不值得，现在也还是觉得不值得。

其实，美好的家庭生活是最有价值的。究竟要选择名贵的小鞋？还是多花点时间在家欣赏小女儿试鞋？不论你何时问我这个问题，我的答案永远都会是"选择和家人在一起"。

买鞋这件事只是一个小小的例子，只要是和价钱有关的，我们都会这么决定。花钱买东西还只是个开始，有时候，还有后续更大的代价。如果你宁可花钱买东西，而不肯在家多陪陪孩子，你将会自食恶果，也就是说，你的家人也许只能靠你的剩余时间和剩余精力来过活。

♡ 安排足够的时间来陪伴家人

当你在运动用品店花1 200美元买了一套新的高尔夫球具，好像没什么大不了。但你不会平白无故砸一大笔钱买东西，你分明是想花时间去和朋友、同事或客户打高尔夫球。结果你花掉的，不只是1 200美元，还牺牲了周四晚上的家庭夜游、周五早上的家庭晨游，以及周六的整个下午，最后晚上九点才到家。

结果，你真正付出的代价是什么？也许是1 200美元，加上每年两百小时的缺席。这两百小时的缺席会让你在儿女成长的岁月中失去多少机会，只有天知道。

十八年有时候感觉起来好像蛮长的。但如果孩子六岁，你已经用掉三分之一。如果她九岁，你们在一起的日子已经过半。当你在外面快乐逍遥，时间真的过得飞快，只要一不小心，你很快就会浪费掉孩子最需要你的这几年，速度远比你想的还要快很多很多。

我认识一位年轻的中学副校长，他乐于接受挑战。年近四十岁，他决定去跑马拉松（为什么会有人想去做这种蠢事，连续跑26英里（约41.84公里）？我真的不懂。如果真的要自讨苦吃，干脆直接拿一块木板，用力敲自己的头得了）。他要训练自己成为马拉松选手，需要投入很多时间，而他的孩子都还小，所以我问他："你什么时候去跑步？"

"我不好意思讲。"他回答。

"没关系，告诉我吧。"

"我每天早上三点二十分起床，跑完才上班。"

"所以，在你跑步时，天还没亮。"

"对啊，我带了头灯。你知道啊，我总不能每天傍晚五点下班，回到家跟孩子说：'对不起，爸爸要出去，一个半小时后才回来。'如果我想练跑步，就必须要选在上班以前。"

"那你几点上床？"

"孩子上床我就上床。一个大男人九点上床，好像有点蠢，但这对全家却是最好的。"

事实上，这样做一点都不蠢，为了顾家，他配合家庭时间来从事自己的嗜好，而不是让家人来配合他。要紧的是，看看真正的代价。打猎、钓鱼、徒步旅行或其他活动可能会让你或你的朋友开心，但你所爱好的活动一定要和你的家庭生活平衡，要记得安排足够的时间来陪伴另一半和儿女。

也许你比较看重实物而不那么看重活动，也一样要小心。若你换个新房子，院子比以前大，你知道你“必须”做什么吗？你有没有想过，这些多出来的房间和院子会花掉你多少时间去整理？没错，你是可以找女佣、找园丁来帮忙，但这么一来，每个月会多出两笔固定开销，而你就必须再多增加些收入了。

若你用信用卡买新车，也是同样的道理。我听说有个家庭，年薪五万美元，花两万五千美元买房车。他们手头没有现金，所以缴完利息（至少要再花一万美元）、税金、牌照费等，几乎把整年的收入全都花在这部新车上！你真的会为了买辆全新的车，然后每天工作八小时、每周工作五天、离家九到十个月？这样做真的值得吗？

别人买新的房车，你没买，这并不犯法呀！这些家庭也许正因为账单的压力，夫妻吵架、家不像家呢！

想要让你的家好处多多、幸福美满，必须谨慎理财，否则你就必须常常离家去赚钱，才能把自己从堆积如山的账单堆里挖出来。

♡ 挥霍金钱？别把家也给挥霍掉了

记不记得，20世纪80年代流行的说法“玩具最多的是赢家”？赢什么？把玩具全部堆在坟墓上，看谁的最多？

事实上，很少人会在临终时要求：“各位，能不能让我静一静？我想和我的珠宝独处几分钟。”没有人会想在临终时再握一次高尔夫球杆，没有人会想最后再看一眼那辆光可鉴人的雷克萨斯。当你大限已到，你所拥有的东西并不会为你守夜；当你痛苦时，它们不会为你流泪，也不会在听你讲故事时捧腹大笑。

我之所以讲这些，是因为那些“家财万贯”的家庭很可能最容易搞不清楚人生的优先次序，因为他们“有本钱”搞不清。如果你的收入多到可以让你任意挥霍，本该是被祝福的种子，却可能长成受诅咒的杂草。圣经形容贪财是“万恶之根”[18]，这并不表示钱是邪恶的，但它的确是麻烦的根源。

以经济状况来讲，你也许有能力让儿女去参加任何活动，不论是学龄前的英语家教课、每周三次的韵律课，还是让一岁半的孩子去雅马哈音乐教室，上一对一的小提琴课。但是别以为花钱让自己和家人焦头烂额就是为孩子好，别以为参加了孩子的所有活动（自己却常不在家）就是对孩子尽了力。

有一个妇女查经班，其成员都是来自家境不错的家庭，那些妈妈们非常关心孩子们之间的一些对话。有位母亲听到一个男孩跟另一个男孩说：“你们家没有二楼也没有地下室。”另外有个十岁大的女孩邀朋友来家里看电影，不久这个朋友挥舞着双手说：“我要回家。我受不了在这里看电影。这屏幕超小的！”一边说着，一边就走出去了。

孩子对父母提供的环境是很敏感的。如果你的孩子只知道享受特权，他们会认为看二十七寸的屏幕是“牺牲”，是让人无法忍受的，更不会认为自己这样的行为有多无礼。

父母的身教确实比言教有效得多。如果一个三岁大的女儿不小心把草莓奶昔洒到全新的车上，你会怎么反应？两天后，十六岁的儿子把同一辆车的挡泥板撞凹了，你又会有什么反应？事实上，你的反应比你的言语更能传达你的价值观。

♡ 孩子与工作

你亲自遵循一套平衡、有纪律的工作伦理观，对孩子而言，是最好的榜样。但课余的打工呢？是不是也必须借此帮助孩子来预备面对“现实”的世界？

许多父母鼓励读中学的孩子外出打工，来贴补衣服、游戏、旅游、上大学等费用。这些父母让孩子去打工是因为想要让孩子明白金钱的价值，以及有纪律地努力工作的重要性。但我认为，对一个十六岁的学生而言，还有比打工更重要的事情需要全力以赴，例如：功课、家事、朋友以及和家人在一起。

孩子外出打拼赚钱的日子很快就会来到。千万不要急着让孩子出去工作赚钱。当孩子还在求学阶段时，家里开店的父母或许可以让孩子学习帮忙做生意，或者学习管理自己的零用钱。我知道许多家庭有经济压力，也知道许多孩子必须在暑假打工赚取学费、生活费。但开学后，大多数孩子就算不打工，也已经够忙的了，又何必让孩子全年打工呢？

你算算看：珊蒂和我可以选择让汉娜去汉堡快餐店打工，时薪六美元，每次轮班五小时；也可以选择不要汉娜去赚那三十美元，让全家人可以整个下午在一起，也许看场电影、出去走走、开车兜兜风、吃冰激凌，或者就只是在家清理打扫、一起做晚饭。一天下来，我愿不愿意拿那三十美元来换家庭时间呢？

不愿意，老兄。我才不愿意呢。

♡ 时间并不是金钱

在商场上，可能真的“时间就是金钱”；至于在家庭生活方面嘛，时间并不像金钱那么好——而是更好！在办公室，也许你每小时收入两百美元，但如果你用那一个小时来陪孩子，却是无价的。

你要给十六岁的孩子什么东西才算是对他够好？超炫的脚踏车、名牌衣服，或一部全新的车？这些全都不够好。孩子们真正想要的、需要的是你的时间，花时间一起玩，去听他们的挣扎与疑惑，去分享他们的生活。

不管你的家庭是富有还是贫困，我们每天得到的时间都一样多。你无法用钱买到更多时间，当然也没办法真的把时间储存起来，你只能用不同的方式来花掉这些时间。

问题是，你每天会怎么使用这二十四小时？你会给家人多少时间？

♡ 利用时间在一起

我才刚从纽约飞回土桑（Tucson）家中，觉得自己好像还在烘干机里转啊转的。

“爸，开车送我去超市好吗？”汉娜问我。

“去超市干吗？”

“去买点开学要用的东西。”

“当然好，我送你去。”虽然我正在晕机，但女儿比枕头更有吸引力。她整个暑假都在夏令营打工，而我也去了纽约几天，想想看，做爸爸的有多少时间陪我这女儿？当然要把握机会啰！

如果想在家好好把小孩养育长大，你必须要问自己这个关键问题：身为父母的你究竟花了多少时间单独陪孩子？你所花的时间往往没有你想象的那么多，大多数人亲子独处的时间简直少到令人害怕。

你的环境周遭有太多琐事会占用你的时间：电子垃圾邮件、手机上的游戏、现场直播的电视节目。所以，我建议父母要抓住一切预期之外的机会，好好陪陪孩子。当你们一起在车子里，你会选择收听现场访谈节目，还是访谈你自己的孩子？当你们同在早餐桌上，你会选择拿起报纸，还是听孩子最新的独家报道？星期天下午，你会收看体育节目，还是找孩子一起到外面投球？

问题并不在于："我是否经常和孩子在一起？"而在于："我是否经常让我们共处的时光变成美好时光？"

大多数时间是免费的，至少并不贵。不久前，家母来访，当我要送九十四岁的母亲回养老院时，我问萝伦要不要一起去，她说好。

"妈，"我问她，"想不想去吃点冰激凌？萝伦，你想不想？"结果两人一致通过，我们绕道去买了冰激凌，多享受了一段快乐时光。

人生多半是买菜、接送孩子去学校、到银行办点事、晚餐后洗碗这类的俗务。但是别忘记自己做这些事的原因——在人生这辆旅行车上，我们是结伴而行的。

这些特别的、自由自在的时光对我们的孩子很重要，比花五千美元到迪斯尼乐园玩一个星期还重要。在迪斯尼乐园里，连吃冰激凌都得排队。如果排到队，花了3.5美元买个小小的冰激凌饼干，回到家就已经又累又倦了。父母得学习拒绝名牌服饰、最新车款、华屋美厦、热门度假胜地等诱惑，因为我们的目标是在家多陪陪孩子，而这些诱惑只会让我们远离这个重要的目标。

缺钱或钱太多，都会让我们无法在家好好陪小孩，把孩子养大。这场仗，我们天天都要面对。

每位父母都要面对这个挑战："听好，老兄，我问你，要钱？要命？"

好好想一想吧！

爸妈经验齐分享

- 大部分生活在西方高度发达国家的人，在财富上都比较富有。但如果你想要多一点时间在家陪孩子，想在家里好好把孩子养大的话，在金钱使用上也必须要很有智慧。否则，过度的支出会让你得出去赚更多的钱才能把自己从堆积如山的账单里挖出来。
- 评估每一笔消费的真正代价时，要记得估计你打算花多少时间和精力在这些物品上。在家好好教养孩子的父母会注意到家庭生活与自己的活动两者间的平衡，会让自己的嗜好配合家人，而不是让家人来配合自己的嗜好。
- “有钱可挥霍”的家庭最容易掉进许多活动的陷阱，因为他们觉得自己付得起那些活动所需要的花费。
- 父母的身教重于言传。你对财物、金钱、时间的态度，会深深影响孩子如何看待这些事物。
- 对一个十六岁的高中生而言，在上学期间，有许多事情比打工更重要，例如：功课、家事、朋友以及陪家人。孩子可以用别的方式来学到关于金钱的价值观，比方说为家里的账单记账，管理自己的零用钱。
- 每个人每天所拥有的时间都是一样多的。请记得把你的时间挪出来多一点当礼物送给家人，这就是给家人的最佳礼物。
- 每天都善用时间（用餐时、做家务时、在车上时……）来增进亲子间的感情。

在家教养孩子品格的实战守则 2 单元

孩子是谁

（他的性情、他如何与人互动、如何面对人生困境），

远比他能做什么、拥有什么、

长相如何，都来得更重要。

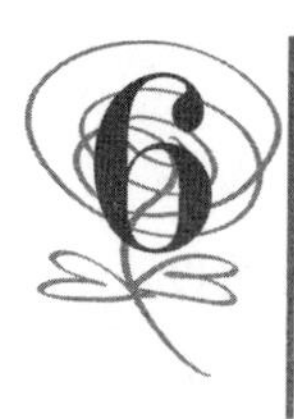

“你是谁”比“做什么”更重要

迈克尔和你心目中的决赛天王不大一样。他没有超强的臂力来带领足球队赢得州冠军，也没有运动员身材可以让学校女生仰慕；别人演算物理难题时，迈克尔选修生活技能；问他二加二等于多少，都会把他考倒。

他是明尼苏达州布鲁明顿（Bloomington）市杰斐逊中学的高三学生。数学、社会研究、科学，他都跟不上大家，但他的好态度，却是他的天赋。

迈克尔会抱着一本学校年鉴，把相片看了又看，直到记住全校一千七百位学生的名字。他担任篮球校队的经理人，很少错过一场比赛。每晚就寝前，他听的是杰斐逊乐团发行的CD。

他是你所见过的最不自私的十八岁青年，其实，并非他自己想要出来竞选决赛天王，而是德鲁（高三毕联会代表，同时也是曲棍球队队长）推举他出来竞选的。德鲁自己也要参选，却帮迈克尔找人，完成竞选所需要的七十五人联署书。

从他的家庭来看，这一点都不令人意外，因为迈克尔的家庭培养了他的态度。认识迈克尔父母和姐姐劳拉的人，都会说他们全是

“积极正面、乐意付出、非常愿意为迈克尔服务”的家庭成员。

迈克尔也知道自己可能选不上，但他不在乎。其实，在竞选那天，在父母送他去学校的路上，迈克尔跟他们说，连他自己都没投给自己。但当他知道自己被选上后，却又开心得绕着体育馆转圈圈，几乎要拉着决赛女王击掌，笑得合不拢嘴[19]。

迈克尔这么正面，乐于付出，支持同学，对生命充满热忱，他的父母显然知道如何教养孩子。如果我能让美国的孩子都得到良好的教养，那么，我们的年轻人会比较像迈克尔，而不会像大多数的决赛天王——他们角逐，只是为了让自己在足球场上更风光。

父母也许要花很多工夫，才能把孩子培养成像迈克尔这样的性情，但是要达到这个目标也并非难如登天。你就可以在家里试试。我们的老四汉娜升高二的时候我们就试过。当时她班上有四位来自德国的交换学生，他们体验美国高中课程的第一天，珊蒂和我就鼓励汉娜去让这几位德国孩子感受到自己是受欢迎的。

我说：“汉娜，想象一下，如果今天是你第一次走进德国学校。”我要她去体会这几个孩子的感受——身处异地，住别人的家，周围全是讲外国话的陌生人。

我继续说：“你想做什么都行，但我觉得你可以这样做：到这几位孩子面前，不光是去介绍自己、表达欢迎；之后，至少再一一到他们面前去，再讲一次你的名字，跟他们说，如果有任何问题或任何需要，找汉娜就对了。”

当天晚上，我比较想知道的不是她的老师怎样、同学怎样，而是她有没有去跟这四位孩子讲话。讲到教育，我比较关心她有没有善待他人的心，而不是她的数学成绩。

接受这种教养的孩子会明白，你是谁（你的性情、你如何与人互动、如何面对人生困境）远比你能做什么、你拥有什么、你长相如何，都来得更重要。

♡ 心最重要

俗语说："美丽是肤浅的。"真正的美丽显然由内而外，即使身材走样，依然美丽动人。我们看孩子时一不小心就只看到表面。

想想大人与孩子常有的对话：

"你有没有女朋友啊？"我们问六岁大的外甥。

"你真漂亮！"我们赞美着邻居那十八个月大的女儿。

"嗯，我猜，你长大会当工程师。"当儿子笨手笨脚地修着三轮车时，我们这么跟他讲。

为什么你我的心这么容易变得糊涂？事实上，我们太早为以下这些人鼓掌：美式足球场上的金臂四分卫、股票市场的操盘高手、歌坛的天后。然而，如果缺乏良好的教养，金臂四分卫可能会在大学时就因性侵他人而上法院；操盘高手可能诈骗了几十亿美元，让数百万投资人受害，只好去坐牢；天后呢？她可能因为对婚姻期待过高，结婚不到三天就离婚了。

当你计算儿女蒙受多少祝福时，千万别忽略了孩子们的内在。

我看电影不多，觉得看电影几乎都是浪费时间，只有一部例外——《三剑客》（*The Three Amigos*）。但有少数电影还是挺值得一看的，比方说，《天生小棋王》（*Searching for Bobby Fischer*）。它改编自真实故事，主角名叫乔西·维茨金（Josh Waitzkin），是个西洋棋神童。

某夜，妈妈帮乔西盖好被子，跟他说："你很善良，这是全世界最重要的事。"

后来，在他某次重要比赛前夕，爸爸（非常看重表现）在帮他盖被子时则说："乔西，你不会输的。"

"但是，如果我输了呢？"乔西想了很多。

"你不会输！"

"我怕自己有可能输。"

"乔西，是别人会害怕，因为他们怕你。好好睡一觉吧！"

"也许，不是最棒的还比较好。"乔西这么说，"就算输了，也没关系。"

在帮孩子盖被子时，究竟是哪位给儿子良好的教养呢？我的答案是：说善良最重要的那一位。

强调内在特质并不只是为了将来的奖赏，也是为了当下的好处。天才而自私的孩子在家里是讨人厌的。漂亮却骄傲、懒惰的孩子会让同住的人很惨。是什么让家成为甜蜜的家？是善良的心、正直的行为、体贴、耐心、原谅。如果你想让孩子成为有教养的孩子，他们应该具备这些内在特质。

♡ 良好教养的十大守则

让孩子有善良的心，是不是你最大的心愿呢？还是你另有其他期待？

我猜，某夜来到我们家的一对夫妻就是另有期待。他们只是想炫耀三岁儿子的发型，那种两侧剃光光、超炫的发型。我想，三岁男娃应该还不认得超市卖的沙宣洗发精。依我看来，他不是这发型的受惠者，他的父母才是。他们无法抗拒同侪的压力，只好跟着流行走，好让自己看起来很有面子。但我担心，这小男生长大后，会不会吸收更多“他人”的价值观呢？

你可能说：“哎呀，李曼博士，虽然孩子可能搞不清有什么差别，但我觉得超可爱，觉得这样做也无伤大雅嘛！有何不可呢？”

亲爱的家长们，那伤害在你的孩子身上不会立刻就显现出来。但重点是你们这样等于是强迫孩子去向别人看齐。你不但没有让孩子因为生在你家而蒙福，反而让他去采用别人家的价值观。你真希望如此吗？也许你没注意到，“别人家”的孩子并不见得那么受欢迎哩！

在家好好教养儿女的品德，听起来是挺不错的，但在现实世界中，该怎么做呢？以下这十个关键，能让你养成孩子的内在美。

♡ 关键一：了解孩子的独特性

我们家外面有个湖，湖边有一群鸭子。我常常观察它们在草地上走来走去，我会喂它们玉米碎屑。我很惊讶地发现，就算湖里布满了小鸭，母鸭们好像都认得自己的孩子，然而这些小鸭在我看来都一样。

我猜，每只小鸭都不一样。我也知道，每个人都不一样。

孩子的独特性是个奥秘，等到你自己的孩子一出生，你就会开始解开这个奥秘。这个解密的开端，可能始于接生大夫将孩子翻过身来检查时，哦，终于知道是男是女了。你仔细端详小婴儿，想知道他的性情是平静如湖水呢，还是活泼如山涧瀑布。你仔细听，想知道这耳熟的哭声，是因为寂寞、害怕，还是肚子饿。

时候到了，你会发现他最爱的书是《好奇的乔治》（*Curious George*）或《小火车做到了》（*The Little Engine That Could*）。然后，你注意到他喜欢饶舌歌或爵士乐。他本来超爱天文物理学，进了大学却爱上写作；或者，他本来很安静，后来却变得像雄辩滔滔的政客，连你都会很惊讶。

你和他的关系之所以美好，是因为没有别的关系能与之相比。和他相处，你总有新发现。这些，就是家庭生活的“无声发现”（quiet discoveries），比刘易斯和克拉克（Lewis and Clark，两人首次远征横越美国大陆）、哥伦布或美国太空总署的航天员所发现的都还要令人振奋。如果你总是接送他们去上网球课，或者总是让托儿所的人照顾他们睡午觉，你会错失这些美好的发现。

♡ 关键二：抽出时间陪孩子

孩子和狗狗至少在某方面是很像的。

只要我在家，狗狗萝西就是我的小跟班，我走到哪儿，她的脚步声就跟到哪儿。她不但会坐在我旁边，还坚持坐在我身上。她是只小小的西班牙长耳猎犬，可以抱在腿上的那种。她会衔着沾满口水、吱吱作响的玩具，跳上来，然后，把玩具丢在我干净的长裤上。

萝西和我的孩子有一个共通点，就是他们都想分享我的一部分。

吱吱响的玩具、狗饼干，甚至牛排都只能让他们满足一下下。对他们而言，别的东西不能取代我。孩子和狗狗一样，总是只能获取他们所能够得到的。如果你让亲子之间只有接送、新电玩，让他们有很多事可忙，他们就只得到那些。但我相信，他们实在很想得到你的陪伴。

愿意在家好好教养孩子的人，会让孩子得到他们需要的那一份美好、健康的陪伴关系。

如果你不相信你的孩子真想花时间和你在一起，不妨去问问任何孩子，看他们的父母有没有跟他们“一对一约会”，问他们记不记得约会细节。保证你会听到一些故事。有个女孩记得和父亲在佛罗里达的艳阳下，满身大汗地骑了二十公里的单车，讲起来依然兴高采烈，因为就只有父女俩。有个男孩记得和爸爸在徒步旅行时迷了路，当时，他才六岁，虽有点害怕，但那些共度的时光却成为一辈子的回忆，他会永远珍惜。

♡ 关键三：因材施教

有一次我去参加丧礼，听到死者四个儿女（他们都是成人）的谈话。每一位都热切地讲出爸爸为他做的，每一位都以为自己和爸爸的交情最好，是和别的兄弟姊妹不一样的。每一位都惊讶地发现，原来他们所有的兄弟姊妹都有相同的感觉！

这些孩子得到的礼物真是太棒了！你也做得到，只要你花时间去和每个孩子建立特别的交情。

用一套公式来和每一位孩子相处是很容易的，好像不论什么个性、气质，全都适用。这听起来蛮不错，却是行不通的。这套可能对艾尔行得通，却不可能对每一位都行得通。

说到品格教育，有些孩子的最佳学习方式是靠耳朵接收指令，有些孩子是靠触觉，另有一些孩子则是靠眼睛看人示范。有些孩子非常敏感，只要眉毛一扬，他就知道了；有些则需要更清楚的解释来让他知道。花时间在家里教养孩子的人，会去一一解开孩子身上的奥秘。

因材施教会让你和孩子有份特别的联结，会让孩子受益良多。汉娜和萝伦还小的时候，我会叫她们的秘密小名。萝伦的小名是“我的小布丁”，汉娜则是“我的小花生米”。她们很喜欢我这么叫，因为这些小名代表了她们各自和我有份特殊的联结。

但有一天，我把这两种食物都混在一起，不小心叫错了，把萝伦叫成“我的小花生米”，把汉娜叫成“我的小布丁”，这下惨了！好惨！她们逼我对着她们把正确小名念了五遍。这时，我才知道她们有多珍惜自己的秘密小名。在她们心里，叫错就是背叛，就像是忘记结婚纪念日或忘记和太太的第一次约会。

对你我的孩子而言，这些熟悉的联结代表了与父母的亲密关系。

♡ 关键四：与孩子一起遵循美好的家庭惯例

那时我们的几个孩子已经比较大了，每周五的早上是我们造访面包店的时间。店里的面包琳琅满目，让我很难取舍，是要蓝莓丹麦、覆盆子甜甜圈，还是枫糖吉士蛋糕？克莉丝却总是毫不犹豫地要一盒小西点。每次都这样，这已经是我们的家庭惯例。

每周五拎着那一小盒点心回家，让克莉丝开心的不光是人间美味，而是如果她不在我也会想到为她买那盒小西点。如果我不在，而有人为我做些让我开心的事，我总是会感到相当舒心，因为这表示那个人非常珍惜与重视我这个人。我每个礼拜拎着小西点回家，克莉丝觉得十分舒心，因为她感受到了父亲的爱，父亲了解她、知道她喜欢什么。当然啦，光把孩子喜欢什么列成清单是不够的。你知道他喜欢棒球，到纽约出差时，在机场帮他买顶洋基队的球帽，这很不错。但是，如果你从来没为他投球，也从来没去看他打球，那顶帽子恐怕也不会太有意义，因为它并不会唤起快乐的回忆。

美好的家庭惯例对孩子大有好处。有人研究了过去五十年来的家庭教育（准确地说，研究了三十二个家庭）并发现：家庭的例行公事和惯例，“对今天忙碌的家庭很重要，能让家庭更健康、更幸福”[20]。

惯例的开始常常是意料之外的。也许你某次做了某件你的孩子超爱的事，你就会不断重复去做，直到那件事成为你们家的家庭惯例。也许有一天，儿子们用沙发椅围成一个堡垒，你下班回家，决定和他们玩摔跤。从此，他们每天下午四点四十五分就把堡垒围好，也把策略想好，就等着你回来，然后用想好的办法来制服你。

父母需要随时注意下一个惯例的形成，留心孩子们喜欢做的事，然后去加入。这会满足他们的需求，也会增强你们之间关系的联结。

♡ 关键五：关系第一

出版社打电话来，告诉我说我的书《务实管教不抓狂》（*Making Children Mind Without Losing Yours*）要改版重新发行了。既然要重新发行，对方就问我有没有什么内容要加上去。

问得好，这些年来，我一直想要追加一个重点：教养孩子、教孩子做决定……这些远比我们想象的容易。重点只有一个：在家里与孩子培养良好的关系。

就这么简单。

如果你的孩子觉得自己属于这个家，他们就会有向心力；当你教导他们时，他们也会听。所以，与其很努力地帮孩子“出人头地”，还不如帮他们认识你。

权威式的父亲说：“我是你的爸爸，我说什么，你就做什么！”这对建立交情没什么帮助，父亲在乎的是把事情做完，好好地做完。但如果你认为亲子关系很重要，比他的表现重要，那么，你就会从他的内心去为他做好准备。孩子通常会从你的反应来了解你：如果你失望，他会感受到，也会有所调整。如果你高兴，他会知道他做对了，也会因此受益多多。

这样一来，孩子的品格就养成了。父母持续和孩子建立交情，孩子会知道你了解他们并且爱他们。

♡ 关键六：要真实

有一天，女儿萝伦和我在游泳池里玩。萝伦穿衣服非常保守，她十一岁就意识到自己的身体有变化。我想让她知道不是只有她在这个阶段会不好意思，于是我跟她讲起我自己的尴尬经验，并让她知道如果能够重来一次，我会不惜代价去逃避这段经历。

“爸爸初一、初二的时候，”我跟她讲，“我们的游泳课是裸泳。”

“什么？”萝伦觉得太不可思议了。

“我们没有游泳衣。”我回答。

“你的意思是说，你们……光溜溜地游泳？”

“没错。”

“是什么感觉啊？”

“超恐怖！”我说，“我们全班都坐在游泳池边，可能有三十个人吧，全都在场哦！然后，轮到我们游五十分钟，池边的人全都会指东指西、讲这讲那。”

教养儿女，有时候需要和孩子分享一些惨痛的经验。这时候，做父母的要真实：分享我们的不确定感、我们的悔意，甚至我们的错误。

培养孩子的品格，并不是要父母去矫揉造作。就算孩子现在还不知道你的不完美，他们早晚也会知道的，所以，别假装完美。尤其是当年的顽皮或不诚实让你现在觉得很丢脸时，若你加以隐瞒，假装没事，就没办法帮助孩子去面对他们自己的不完美了。

你需要向孩子分享你的得意，也分享你的失意。我并不是要你一五一十地分享。但是，当你跟孩子说，你也经历过人生的困境，这会让他们知道自己并不孤单。

当孩子遭遇尴尬知道他们自己不过是凡人时，而你却只顾自己的面子，保持高高在上的姿态那只会拉远你和孩子的距离。想和孩子越来越有交情，必须向他们告之“真实的你”，好让他们有机会跟你讲述“真实的他们”。

我并不是说，你只需要扮演孩子最好的朋友，事实上，他们仍然需要父母，需要你的教养与智慧。不过，尽量自然地和孩子谈论尴尬的话题，这会帮助他们在谈论自己觉得尴尬的话题时心里觉得坦然。

♡ 关键七：培养信任

如果孩子和你交心，跟你讲些机密，千万别漫不经心，也千万不要取笑他。如果她跟你说，她觉得和同学格格不入，不要敷衍她："宝贝女儿，别担心！"如果他问你："爸爸，什么是保险套？"不要封住他的口："我们不谈这些！"请正视这些问题，好好听他们讲完，认真看待孩子的心。

孩子虚心求教，表示他们愿意贴近你。这是你恪尽父职或母职的良机，别轻易放过，更别瞧不起这样的机会。孩子愿意示弱，就像是送你一份礼物，会让你们的交情更上一层楼，从而打造孩子的品德。

不少人说，若你和儿女的关系够亲密，就算讲些冷笑话，也不会伤感情。别泄气，你穿的衣服也许不是最时尚的，不过，如果你一直能得到孩子的信任，这相亲相爱的家庭是永不过时的！

♡ 关键八：以身作则，先成为孩子的好榜样

我在温迪汉堡排队点餐。排在我前面的是位爸爸，他的家人坐在用餐区等他。儿子走到爸爸身边，我听不清楚小男生要什么，却清楚地听见爸爸回答像打雷：

"跟妈妈说，她要什么，自己来拿啊！"

我暗忖，这小男生将来会是什么样的丈夫？他会怎么看待女人？如果他的妻子请他到厨房去拿餐巾纸，他会不会也大吼大叫？

我点了餐，很高兴女儿们都不在场，没看到这位男士粗鲁的举止。如果她们在，我会跟她们说："有人是这样讲话的，不尊重孩子的人会粗声粗气，你们千万要找个有教养的人。"

价值观首重身教，而非言教。你的孩子眼看着你的一言一行，在心里做笔记。你所示范的信念、行为，就好像帮孩子立好根基，孩子在其上继续建造，你怎么看待你的孩子，将来，他们就会怎么看待他们自己的孩子。

尊重你的儿女，他们会觉得自己是被尊重的。善待他们，他们会学习善待自己。仔细听他们讲话，他们长大后会认真听别人讲话，而且相信自己讲的话会有人想听。

♡ 关键九：用家务事来教导

内人珊蒂有一次故意把香蕉皮丢在厨房地上，想看看我们的反应。孩子们全都看了一眼，然后绕过去，你能想象得到他们在想什么：哦，有人要倒霉了。

稍晚，珊蒂问："谁看到厨房地上的香蕉皮？我知道你们全都绕过去了。"

我心想，珊蒂可以说："孩子们，你们在想什么啊？我们是怎么教的？怎么可以假装没看见呢？"

"你呢？"她转向我，"你也看到了，却一脚踢开，假装没事。"

哎哟。

那次，我的麻烦大了。那次的心理实验把我这心理学家当掉了。显然，因为我的错误示范，我并没有把孩子教好。

不论是父母或孩子，我们或多或少想过，那不关我的事。有时候，的确不关我们的事。在超市，看到顾客捡起从架上倒下来的玉米片或是从蔬果区滚落的苹果，这会让我很开心。如果我看到，我也会过去帮忙。如果孩子们在身边，学到的会比课堂上教的还多。

听起来是老掉牙，但家务事真的可以塑造个性。请牢记在心：

★ 按年龄分配工作。如果让四岁孩子洗玻璃器皿，万一摔碎名贵的花瓶，可别尖叫。

★ 把孩子们分配到不同的区域。比方说，如果要鲍伯清洗马桶，就不要苏西清洗浴室洗脸槽，以免发生冲突。

★ 偶尔要轮替。处理过垃圾，人生就没什么不能做的了。

★ 如果你希望孩子哪件事能做对，就自己先去做——我讲的可是教养儿女，而不是扫地哦！如果你想教两岁的女儿扫地，给她一支扫把、一个簸箕，还要不时“放水”鼓励她。不要站在那儿指挥、批评，活像个工头。如果是二十四岁的孩子，教他们兴致勃勃地做家事远比要求他们把地板清干净要来得重要。

♡ 关键十：为人着想

“看到暂停的标志时你为什么会停？”我常这么问。

多数人回答：“这样才不会出车祸啊！”也有些人答：“因为法律是这样规定的呀！”这些理由都很不错，但我之所以停是不想伤到别人。

赢得第一名然后步步高升是很容易的。但如果你能教孩子打从心里先为别人着想，那该是多么美好的礼物。这样才能教出有教养的孩子。

想教出不自私的孩子就必须全家总动员。如果来场暴风雨，留下满目疮痍，清理工作就不能仰赖大自然，也不能等候老天爷的安排。

我不会问孩子们："想不想帮妈咪？"若问他们想不想去跟朋友玩，他们会问："哦，真的？我们真的可以去吗？"但若问他们想不想清理院子，你不可能听到："哦，真的？我们真的可以去吗？"大多数孩子不会急着想知道能帮什么忙，他们需要循循善诱，直到知道父母期待他们成为小帮手。

我会跟孩子说："来，大家都到后院来，我们一起动手。"

这个正面的期待，传达了一个信息：我们是一家人，大家一起动手，一起看看这个家有什么需要帮忙的。

♡ 在家教养儿女，要致力于孩子的内在

在家教养儿女，要致力于孩子的内在，而不是外在。把眼光放长远一些，就会知道内在（孩子的品格）更有影响力。

你的孩子了解这点吗？现在就让他们了解吧，通过你们的交情陪伴他，了解他，专注于他的个别特质，由内而外地栽培他。

爸妈经验齐分享

- 重点并不是你做什么，而是你是谁。
- 如果你用孩子的外在表现来评价自己，你会被诱惑随波逐流，去追逐世人贪求的能力、美貌和天分。
- 你希望孩子和别人一样吗？如果希望，你就等着一路坎坷吧！每个孩子都与众不同，父母的任务是去发掘、培养孩子的个别特质。
- 要刻意和孩子独处，让每个孩子都觉得自己是家里的重要成员。
- 形成美好的惯例对孩子大有好处。美好的惯例往往是在相处时自然形成的，所以要睁大眼睛，注意和孩子的互动，尤其是那些能满足孩子的互动。
- 如果你有机会跟孩子分享你自己的人生，希望能对他们有所帮助，记得要真实；分享你的不确定、你的痛苦，甚至你的错误。
- 培养孩子对你的信任。如果孩子和你交心，跟你说悄悄话，可别加以践踏、取笑。
- 价值观是主动去撷取的，而不是被教出来的。你的孩子正在观察你的一言一行，你所示范的是孩子的根基，他们会在其上继续建造。
- 让孩子乐意动手做家事，远比一尘不染的家更重要。不论在家或在外都要以身作则，用健康的态度来看待周遭的需要，并让孩子一起分担家务事。

利用“现实管教法”来进行机会教育

我很喜欢《安迪剧场》（*The Andy Griffith*）这部电视剧。其人物可爱，剧情又极具娱乐性，内容积极、正面，到今天电视台还在重播。安迪（Sheriff Andy Taylor）管教儿子欧皮（Opie）的方法仍然值得现代的家长效法。

有一集我特别喜欢[21]，这一集谈到如何教养、信任孩子。如果父母要教出有教养的孩子，那就有必要知道这些内容。

故事一开始，欧皮有个新弹弓，他很得意，急着到外面试试身手。安迪要儿子小心，欧皮答应爸爸只射罐头之类的东西。

欧皮走到人行道，朝树枝和树干猛射。忽然，他瞄准了一棵树，然后发射，结果有只鸟应声而落，掉在地上。

欧皮吓坏了，慢慢靠过去。鸟一动也不动，他把弹弓插进裤子后面的口袋，跪下来用手捧着鸟。

欧皮哭了：“飞啊，拜托，快飞嘛！”他轻轻把鸟朝空中抛出去，想助它一臂之力要它飞，但小鸟又掉回草地上，毫无生命迹象。

欧皮哭着转身跑回家。

当天下午，爸爸安迪回到家。他从人行道上拾起报纸，看到了那只死鸟，听到了雏鸟在附近的树上鸣叫。拨开树叶，探头看看鸟巢，他明白发生了什么事。

吃晚饭时，欧皮叉起食物正要往嘴里送，他听到爸爸跟贝阿姨说，邻居应该别让猫跑出来，因为猫已经害死了一只会唱歌的小鸟。

贝阿姨说：怎么可能？史太太带着猫出门已经有一个多礼拜了。

欧皮离开餐桌，飞快跑上楼去。

他不舒服吗？贝阿姨不解地问。但安迪知道发生了什么事，于是他上楼走进儿子的房间。

“是你害死那只鸟的，对不对？”安迪问。

欧皮沉默了一会，点头。

安迪责备儿子，我已经跟你说过要小心啊！

欧皮说：“对不起。”

“说对不起也没用了。”安迪跟他讲理，“说对不起，并没有办法像变魔术那样改变事情，怎么做也没办法让小鸟再活过来了。”

欧皮问自己会不会挨打，安迪摇摇头。

安迪没打儿子，却做出一个很有智慧的举动：他走到窗边，打开窗。就在窗外的树枝上有个巢，几只失去妈妈的雏鸟饿极了，叫个不停，整个房间都是它们的哀鸣声。

“听到没？”安迪说，“这些小小鸟正在叫妈妈，但它们的妈妈却永远也不会回来了。现在，你自己安静一下，好好听听。”

安迪对欧皮施以的管教，正是我所说的“现实管教”（reality discipline）。原则上，这个方法就是利用孩子行为所产生的必然后果来管教孩子。以这个例子来说，就是让孩子明白射杀了母鸟会影响这些小小鸟，让这个事实成为孩子的良师。

我们做的每个决定都会带来后果。如果你用这些自然法则来管教孩子，其结果会比看你心情或赏或罚更有效。这么一来，你就是教孩子要活得有责任感，而责任感正是有教养的表现。

♡ 外在控制vs.内在引导

现实管教是帮助孩子发展他的内在引导系统（做某些事情是出于自发性，而不是因为被迫去做），而不光只是控制孩子的行为。身为父母，我的任务并不是控制我的小孩。即使是上帝，也不会控制我们，他并不会从高高的天上伸出手来，推我们去撞墙，然后说：“你会认定我是你的上帝吧！”

但有些父母还是会很想这么做。珊蒂和我认识一个人，他的孩子们坐在我们家沙发上，就像小鸟停在围墙上，两腿交叉，双手互握，爸爸说动才敢动！我觉得他们并不是有教养的孩子而是垂耳听命的小狗。

容易被控制的孩子会被他的同伴耍得团团转。如果有人命令我的孩子说“喝这个，射这个，朝这里喷气”，我会希望我的孩子会说“不”。训练孩子去拒绝，必须由内而外。

纪律可以是我对我的女儿做什么约束，但也可以是我培育她的内在，好让她学习自己作出明智的判断。内在的纪律铁定比外在的听命更加重要——尤其是当孩子满十八岁离家后。当你不在身边管教时，他会拥有哪些品德，会如何自律？

安迪之所以不跟欧皮说："这是你的新弹弓。如果你射到小鸟或邻居的窗子，我会没收弹弓，罚你一个礼拜不准出门！"理由就在这里。当然，你必须先衡量这孩子有多成熟，再决定怎么处置他的弹弓，以及怎么提醒他要小心。但如果他连弹弓都还没拿出来你就用处罚来威吓他，跟他说：这弹弓也许不是你能玩的，等到（不是"如果"）出了事，我会这样罚你。

讲这种话并不是现实管教，而是传统管教——多年来都无法奏效的老套做法：利用对处罚的恐惧感来让孩子表面上听话。现实管教乃是通过行为的必然后果，彼此相互尊重，以及相信孩子内在具有良善的信念来进行管教。强调现实管教会帮助你的孩子养成美好的品格。

♡ 现实的后果

安迪借着让欧皮知道他的行为会造成什么后果来帮助孩子了解：他的决定会影响他自己，也会影响周遭的人。如果安迪只是打他一顿，欧皮可能会记得下次要更小心、更听话，但孩子长大后，处罚就失去了功效。到了有一天，爸妈不在身边耳提面命，孩子又会变成怎样呢？

童年的好处是，那时候经历的后果和往后相比，是通常不会那么事态严重的。在初一的数学考试中作弊，孩子要面对的后果远比逃税要轻微得多。安迪选择了趁风险较低的时候帮助欧皮了解后果，他把责任感埋在儿子心里，可以预防将来的许多惨痛经验。

所以，什么时候应该运用事情的后果来教养儿女？信不信由你，最佳时机并不在有状况的当下——不论是该做的没做、说谎还是晚归。

假设你的女儿非常伶牙俐齿。当你对她的一些行为有所不满，之后她希望你载她去购物中心和朋友碰面时，你可能说："今天我不想载你去。"

"妈！"女儿可能说，"我只是想去购物中心嘛！"

"宝贝女儿，"你回答，"你没听清楚我的话，我今天不想载你去。"

孩子不死心，这时，你的机会来了。

"好，我还是跟你讲清楚好了。今天早上九点半，我要你把垃圾拿出去，然后去看看你小弟。我不喜欢你那时候的态度，不喜欢你脸上的表情，也很不喜欢你小声的抱怨。没错，我都听到了。"

为了化解这次的不愉快，女儿必须认错。否则，必然的后果就是母女失和。

♡ 雨过天晴

我们来看看欧皮后来怎么样了。

安迪已经教儿子明白了后果，但他并没有让怒气持续下去。第二天，又是个崭新的、充满恩慈的一天。安迪并没有再为这件事唠叨，而是亲切地打招呼："早安，儿子。"

欧皮坐在门口台阶上，抱着一个盒子摇啊摇的，安迪好奇地问他在干什么。欧皮说，他帮鸟儿们预备了早餐，他领养了这些小鸟，还都取了名字：温金、白兰、努德。几分钟后，贝阿姨到前院来，安迪告诉她，欧皮学会承担后果了，领养了这些小鸟。

你看，安迪通过现实管教让儿子重新开始；他肯定儿子的改变，认为他后来照顾那些嗷嗷待哺的小鸟是很有责任感的。安迪跟儿子说，如果你好好照顾这些小鸟，等到它们长大了，你会以它们为荣。

本书要说的一个重点就是：若你专心致力于教养孩子（让他们有责任感、能为自己的行为负责，并在他们失败时善待他们），将来，孩子就非常可能变得既成熟又肯负责任，变成你所期待的样子。

许多父母经常会因为孩子的行为而夸奖孩子："宝贝女儿，今天下午你和朋友玩时你对他们好好，你真乖！"孩子以为自己是因为表现良好而被肯定。然而，肯定孩子是谁，远比肯定他们做了什么还要来得重要。有教养的孩子不太会在乎表现，而是会更加在乎自己在尝试过程中的态度如何。

父母可以这样鼓励孩子："你快要做到了哦！"也可以这样说："看得出来你有特别努力哦！"

若有人要我形容我的孩子，我会说："他们是真的很关心别人。"我女儿乐于付出、和人有良好的关系，我以女儿的这种人格为荣。我试着去注意孩子的这些特质，并且尽量鼓励孩子去发挥，让她知道爸爸正在看着她。

之前讲到的那集电视剧的结局是，欧皮把温金、白兰、努德养大后再放它们出去，后来看到它们都飞得很好，终于松了口气。安迪肯定了儿子的努力，不过儿子倒是若有所失。

欧皮说：笼子看起来空空的。

安迪表示同意，接着，便很有智慧地用一句话来激励他："但是，这棵树看起来还挺热闹的呢！”他说话的时候，整个院子充满鸟儿吱吱唧唧的歌声。

家庭是个充满温情的地方，会给孩子第二次机会。家长，也会用恰到好处的夸奖来鼓励孩子拥有正确的态度。

♡ 相信你的孩子

你介不介意我再讲一段《安迪剧场》的内容？我真的认为这部电视剧应该列入小学课程，所有父母都应该看看。

还有一集我也非常喜欢[22]。这一集讲的是：欧皮告诉安迪和巴尼，他遇到一个人，叫麦先生。麦先生“在树林里走来走去，还爬到树上去”。他戴了顶“很棒、很大、亮晶晶的银色帽子”，走起路来“叮叮当当地响，好像手指头戴了很多戒指、脚趾头戴了很多铃铛”。还有，他“所有的东西都挂在腰带上”，而且还比一般人“多出十二只手”。最后，欧皮跟这两位大人说，麦先生的耳朵会“冒出烟来”。

他给我一个两毛五的铜板哦！欧皮边说边从上衣口袋拿出铜板来。

安迪耐心地听儿子讲完，还问儿子他有没有听错：“欧皮，你刚刚用很奇怪的话形容的那位麦先生给了你两毛五？”

“对啊！”欧皮回答。在他看来，树上的麦先生每天都会拿出两毛五来，这很自然啊！而且麦先生说是他赚来的。

安迪这下子紧张了，问欧皮钱到底从哪里来的。欧皮的答案还是一样，是麦先生给的。如果爸爸想亲耳听到麦先生说明这件事就需要一起到树林里去，让麦先生自己跟爸爸讲。

安迪听到这么不寻常的事，觉得很不安，想去看个究竟，就要儿子带路。

快到树林时，欧皮朝树林里大声呼喊麦先生，求他下来跟爸爸讲两毛五的事。

剧情进展很容易猜到，没有动静。

他们在树林里绕来绕去，欧皮一直朝树顶大喊麦先生，还是没人回应。

最后，安迪跟欧皮说该回家了。

回到欧皮房间，安迪要儿子弄明白虚构故事和真实故事间的不同。他跟儿子说，那天早上，父子俩聊的那匹马“黑皮”只是想象出来的，聊“黑皮”纯属好玩。

“也许麦先生也是想象出来的。”安迪说，“也许也是为了好玩而想象出来的。”想象没什么不好，只要它不影响我们的责任感，也不会让我们逃避真实的世界。有时候，面对现实才是负责的表现，把想象当成真的并不是那么负责任。

安迪跟儿子说：“只要你承认麦先生是你想象出来的，我就不再追究这件事。但如果不承认，你知道后果。”

欧皮开始说，并没有麦先生这个人，但马上又住口了。

“爸，我没办法，麦先生不是我编出来的。他是真的。”

“欧皮——”安迪开口了。

“爸，你不相信我吗？”欧皮央求，“爸，相信我！”

安迪想了想，叹了口气。

点点头，说：“我相信你。”他温柔地拍拍欧皮的腿，走出房间，然后下楼。此时巴尼和贝阿姨正在等着。

巴尼起先松了口气，因为欧皮没挨打，但是，当他听到安迪告诉儿子说他相信儿子时，巴尼就有意见了：欧皮讲的故事不可能是真的。

安迪告诉他，有好些事情，儿子不太可能相信，他却要儿子相信。安迪讲得没错，小孩不懂为什么不能拿陌生人给的糖果。可是，孩子却必须相信要他这样做是为他好。

巴尼还是有意见：麦先生的银帽和走路叮当响又是怎么回事呢?

安迪也不知道是怎么回事，但有时候，你必须决定要不要凭信任去相信别人讲的。

巴尼问："所以，你真的相信这个麦先生?"

"不，不是麦先生。"安迪经过深思后回答，"我相信的是欧皮。"

虽然欧皮讲的故事令人费解，安迪却跨出了令人佩服的一步：他相信自己的儿子，虽然所有的证据都叫他不要相信。

我要一再强调（因为再怎么强调都嫌不够），相信你的孩子是非常非常重要的，就算他科科考试不及格，就算他的名字出现在校长桌上的黑名单上，还是要相信你的孩子。相信他是你此生的最佳投资，你对他的信任会鼓舞他，你觉得他是可信任的，他就会努力成为值得信赖的人。在你用言语、用行动来表达"我相信你，也期待你尽力"后，孩子会努力，避免让你失望。

♡ 当孩子让父母失望时

那集的结局是，安迪回到树林去，仔细回想欧皮坚持说的话。

他摇摇头，大叫麦先生（完全不信会有这个人），没想到，有人从上面回应他！不出几秒钟，有个男人脚踩钉靴爬下树来。原来是电话公司的技工。落地后，他介绍自己就是麦先生。

安迪呆住了：“你在树林里走来走去，带着银帽，走路叮当响！”看看他挂工具的腰带：“麦先生，你的耳朵会冒烟，对不对？我无法形容有多高兴认识你！”安迪用力握住他的手：“我是安迪，欧皮的爸爸！”

你心想：好吧，安迪相信儿子，这次做对了。

但是，就算欧皮真的说谎，相信儿子还是做对了。这会让孩子想去达成父亲的期望，如果让父亲失望，他自己也会懊恼。

让我们想想，如果你像安迪那样去相信孩子，然而，万一整件事全都是儿子编出来的，麦先生纯属虚构，而你的孩子也心知肚明，那你该怎么办？

如果你明知孩子乱讲，你也许会说：“那，你的朋友史帝也看到麦先生了，对不对？我想现在就打电话给史帝的妈妈，看她知不知道这件事。”果然没这回事，说谎带来的结果是：你不相信他，他也因为让你失望而有罪恶感。当然，谎话被拆穿也令他非常难堪。

但你也可以不拆穿他。下次，他问你可不可以每天放学后都去某个地方，你就跟他说：不行。

“不行？”他会很吃惊，“为什么不行？你总是让我去的啊！”

“我不相信你会去那里。”你可以这么回答。

“你是什么意思？我总是去那里啊！”

“好，记不记得你讲过的麦先生？如果那次我没办法相信你，为什么这次要相信你呢？你要重新努力，让我能信任你。所以，今天的回答是不行。”

这是我的做法，让他知道说谎的后果。但是，只要孩子坦承自己的错误，就别再提了。记得，要有宽容，还要鼓励。

许多人会不相信你的孩子。如果世界上只有一个人会相信他，那这个人应该就是你。

这就是我从这部电视剧里学到的。（当然还学到很多别的啦！）

- 现实管教（用事实所产生的必然结果来管教你的孩子）可以培养孩子的责任感。
- 父母可以利用真实的情境来进行机会教育。
- 管教不只在于你为孩子做什么，更在于培养他们的内在性情，让他们学习自己作出明智的抉择。
- 要相信你的孩子，这是为人父母的最佳投资，因为你的信任会鼓舞他，你觉得他是怎样的人，他就会朝这个方向努力，以免辜负你。
- 只要孩子坦承自己的错误，就别再提起。别让他羞愧到无地自容，要平静而坚定地表达你的失望。你要持续地坚定相信：他的失败或错误并不表示他就是这样的人。他会记得你对他的信任。

运用正向期待的力量

奥古斯丁当了爸爸。儿子才刚从医院抱回来，他就把一切安排得像是准备期末考试，作息满档。不停播放有声书、莫扎特和贝多芬的音乐，定时看公共电视台的节目。他想在儿子身上大展宏图。

奥古斯丁曾写过一篇短篇小说，讲一个天才儿童长大后成为举世闻名的科学家，领导众人研究银河系造福全人类的故事。奥古斯丁还研发出一个“神奇秘方”，这是一种“秘密的技术，可以增强孕妇的能量，让她生出天才儿童”。他把这种配方用在他的同居女友卡西身上。

不到两个月大，龙仔（他生在龙年）讲出了第一个词语：你好（hello）。三岁大时，他会研究数学难题。五岁时，他的IQ高达四百（根据奥古斯丁自己为孩子进行的测验），俨然是人类有史以来最聪明的一位。

龙仔进卡布里洛大学（Cabrillo College）时才八岁；九岁时开始学习微积分（比爱因斯坦早三年）；十岁时转到加州大学圣塔克鲁兹（Santa Cruz）分校，攻读计算机数学，修课学分是一般学生的两倍；一年后毕业，是吉尼斯世界纪录里最年轻的大学毕业生。

访谈中，奥古斯丁说，龙仔是“旷世奇葩”而且“恐怕也是自达·芬奇以来最特别的孩子”。

奥古斯丁认为龙仔和朋友玩太浪费时间；关于这点，龙仔母亲卡西倒不同意。放学后，龙仔会“火速赶回家，把更多知识塞进脑子”。天才学校的校长坎路易斯·凯泽（Lewis Keizer）说，龙仔是来短期进修的。

1988年9月19日，执法人员冲进奥古斯丁家中，带着搜查令，其依据是龙仔母亲签署的证明文件：“奥古斯丁为龙仔拟定的‘旷世计划’足以构成儿童虐待，龙仔处境堪忧。奥古斯丁拥有一箩筐武器，龙仔与母亲同住为宜。”执法人员把龙仔强行带走，离开奥古斯丁，也离开他的“旷世计划”。

如今，在龙仔的生活中，成绩不再是最重要的了，朋友才是，龙仔自己这么说。朋友们都叫他詹姆斯，但当年的神童仍然超爱他老爸。

他目前最重要的功课是学习当小孩，詹姆斯承认：“这好像比微积分还难。”[23]

奥古斯丁为孩子筑梦，这有错吗？不论大人小孩，每个人都有梦想，不是吗？

我还记得在小联盟比赛时，我走到打击区，希望能打到球，那时，听到父亲从看台喊出他的梦想：“全垒打！”

这个声音一直在我脑子里，让我拼命想打出全垒打。

这也让我想起了两个常见的梦想：孩子梦想取悦父亲，父亲梦想孩子幸福美满。如果我们希望在家里教出有教养的孩子，下文将讲到的大人梦想与孩子现实间的冲突非提不可。

♡ 是美梦还是噩梦？

我们童年的经历和成年的梦想会影响我们鼓励（或不鼓励）孩子的发展。如果当年你在学校受欢迎是因为你是运动健将，那么，就算他喜欢下棋，你也许还是会硬要孩子往运动方面发展。也许你还记得进不了法学院的锥心之痛，因此就督促孩子挤进那道门。

有许多梦想是健康的：希望孩子接受良好教育，在爱中成长，被别人接纳。但如果我们的梦想完全不符合孩子的性情，或者只顾磨练他们的能力却忽略了他们的健全发展，我们可能就是自己在做白日梦了。孩子需要父母的肯定，如果你只顾你的"旷世计划"，他们是很可能顺从你的，但结局可能真的相当惨烈啊！

有位母亲跟许多父母相比，显得眼光独到，她给了孩子很好的家庭教育。九岁的女儿在圣诞剧里担当主角，练了又练，在台上却还是跑调。女儿鼓起勇气唱完，一下台就哭了。

母亲当场为女儿打气，然后，私下告诉我："很高兴事情这样发展，这是我求老天求来的。她的个性需要多学习面对挫折。幸好我在场，可以好好跟她谈谈。"

这位母亲很清楚优先次序。她认为女儿个性的养成远比舞台表现重要，舞台上的表现三个礼拜后就没人记得了。她也刻意来到现场，好有机会立即给予女儿帮助。

♡ 你的梦想是什么？

孩子十八岁时，你希望他在哪儿？讲白一点，你希望到时候他是谁？你看得出他会以高分进入常春藤名校吗？到了二十二岁呢？

职业运动员？法学院顶尖毕业生，坐领高薪？

许多父母嘴里不承认自己把梦想寄托在孩子身上，但从他们的做法上，倒是可以看得一清二楚。为了达到目的，有些父母什么都愿意做，即使是帮孩子做功课也愿意。约有四分之一的父母承认，如果孩子太累，功课太难，自己偶尔会帮孩子做功课[24]。

身为心理辅导员，我有机会接触许多父母，并发现很多父母的动机是好的。孩子也许为了不辜负家人，在中学、大学拼命用功，终于成为事业有成的企业家。等到他们当了父母，当然也不希望孩子落入自己竭力避免的人生，于是逼孩子好好用功，一直把他们逼到几近失去自我。

另有一位母亲觉得自己“嫁得不好”，因此希望女儿不要步她的后尘。母亲严格要求女儿的仪态、穿着、健身安排、卫生习惯，却忽略了最重要的人品（决定婚姻质量的关键）。老实说，婚姻和外貌几乎毫无关系。

看重家庭教育的父母会牢记自己亲身经历中的不足之处，以免孩子重蹈覆辙。现在不妨花点时间回想自己的童年，想想看，是否这段经历影响了你对孩子的期待。

伤心事我们大都不想再提。你可能会问：李曼博士，那些都是陈年旧事了，干吗再去揭疮疤？答案是：这样的反省能避免你把往日的痛苦硬加在孩子身上！

扪心自问：我童年的失望和损失如何影响了我现在对孩子的期待？我很想让自己看起来是善良称职的父母，这样一来，是不是反而加重了孩子的负担？认识自己是必要的，自我觉醒可以避免自己明明在强逼孩子却不自知。

有个被惹毛的孩子在辅导室跟我说，他永远都必须跟兄弟姊妹和朋友比较。父母多多少少会这样，而且还挺微妙、挺难察觉。举个例子吧。小女儿翻筋斗给你看，你可能会问丈夫："记得强尼什么时候开始翻筋斗吗？"

虽然是无心的，却等于告诉宝贝女儿："你哥比你早三岁就会翻筋斗，所以你有什么了不起？"

比来比去总是会伤感情，因为不会有两个孩子是一模一样的。这世界很大，有分析师、搞笑的人、经理、运动员、跟随者、领袖，数也数不完。如果老二山姆数学不及老大亚伦，又有什么关系呢？如果山姆成为脱口秀主持人，他会雇用亚伦这样的人当他的会计师。注重家庭教育的父母会知道同一种米养百种人，因此，他们会接纳、栽培孩子与生俱来的天赋。

你要配合老天赐予孩子的天赋来做你的梦。查克·司蕴道（Chuck Swindoll）跟我说，他认为箴言二十二章六节中"教养孩童，使他走当行的道"这句话可以译成"按照孩子的天赋来加以训练"。

你的人生是你的，你的过去也是你的。不要去要求孩子肩负你的人生、你的过去。让孩子自由飞翔吧！

♡ 不要忽略孩子的情绪张力：泄洪vs.漏水

大多数的孩子都不太会表达情绪。他们不会来跟你说："我们谈一谈好吗？我觉得自己永远不可能达到你的要求。所以，我想跟你好好理论一下：关于你的小气啦！让我们家疲于奔命的种种活动啦！还有，你期待妹妹跟我一样，总是嫌她不行！"

孩子不会讲这些话的，但如果这正是他的感受，他的行为也许会显露出端倪。他可能会开始跟父亲或母亲顶嘴，如果让局外人观察他几天，他可能会告诉你：“你儿子正一肚子火呢。”

我的建议是：不要忽略孩子的情绪张力。杜布森博士称之为情绪的“泄洪vs.漏水”（Blowout vs. Slow Leak Syndrome）。如果因为你的期待多年来已经累积了不少张力，别让这张力像漏水，到他长大成人时还在漏。希望孩子得到良好的家庭教育，现在就得正视这股情绪张力，要在未来几个月细心观察，慢慢改变，必要时和孩子讨论。只要小心行事，就不会有问题。至于“泄洪”，我说的可不是“爆炸”哦！

你不必在一夕之间大肆改革。你也许可以从道歉开始，那么，流血是可以避免的！你可以跟女儿说：“对不起，爸妈也会犯错。对不起，我想我一直都对你太严厉。你是我们的宝贝女儿。”

♡ 孩子很普通，也是一种幸福！

有位知名的圣经教师说过，母亲怀胎九个月，我们会祷告九个月，希望孩子一切正常。但就算他出生后一切正常，我们也无法接受他的正常，因为我们希望他永远都超乎平常。

听到“成功”的故事（比方说，在市区长大的男孩终于搬离市区，还帮母亲在郊区买了个新房子），我都会很想泼一下冷水：有好多住郊区的人为了把女儿栽培成体操选手，全家舍命陪君子，后来才发现爱女不可能达到国际水平。或者，母亲在周六一早叫醒全家，只因为要送大儿子到另一个城市去参加游泳比赛，直到某天儿子说他不想游了，想去参加机车竞赛，全家因此很哀怨。

你的孩子很普通，不必去拼全班第一或先发四分卫，这是多幸福啊！我念高中时班上有几位前途很被看好的人物，然而，事实上他们的锋芒只投射到学校停车场外的不远处。如果你的孩子很普通，我要恭喜你。我很庆幸我的孩子都很正常、很普通，他们全都享受生命，喜欢自己，慷慨待人。

在我的眼中，培养出具备内涵的孩子比培育出名列前茅或在球场上奔驰的孩子要重要得多。

♡ 运用正向期待力量的七种方式

好多人把标准定得太高。到底要怎么定才好？

我们来看看正向期待的力量。

方式一：善待孩子

偶尔应邀到教会演讲时，我会运用一点角色扮演。我会假设自己是牧羊人，听众是我的羊。

我会说："好吧，羊儿们。我刚才收听广播，快变天了，该转移到比较好的草地去了。我们走吧！"

总有几个人不想配合。只要前台有人讲话，教会里的人就不太想动。

这时候，好牧人会怎么做呢？他会在羊身上轻轻打一下，让羊走回羊群。他不会痛打一顿让它们听话，只要轻轻打一下就够了。

教养儿女也是这样。你是牧人，孩子是你的羊。许多人以为牧人的杖与竿是用来处罚、用来使羊痛苦的，圣经却告诉我们，杖与竿是用来安慰的[25]。事实上，杖是用来救援、保护的，并不是用来把羊打得鼻青脸肿的。

“正向期待”充满了温情：犯错，没关系。如果孩子闹着要吃糖而你期待他的最佳表现，你就会不慌不忙地说：“傻孩子！你忘了我们刚才说好的啊？”然后继续买菜。不要大惊小怪，她可能真的忘了你在进超市以前跟她约好的。你面对的挑战是：期待她的最佳表现，然后用行动来表达你对她的期待。

如果孩子没做到，满怀温情的父母会说：“你已经很努力了哦，没关系，还有下次。”孩子的行为偶尔会有偏差，如果必要，轻轻打一下，让他回到正途。重要的并不是要他完全一百分地走在路中央，重要的是他的方向正确并且一直在努力培养内在的责任感。

你是否从来不犯错，和人说话时总是语调合宜、举止得当？其实，我们没有一个人做得到。父母对孩子的正向期待会给孩子一些人性化的空间。

方式二：建立界限

如果孩子的人生像条宽广的路，父母对孩子的正向期待就像是路边的护栏。让我们再次使用超市那个例子。当你运用正向期待的力量时，你会清楚地告诉孩子可不可以买糖。如果他们试探你，问你能不能买支棒棒糖在回家做饭的路上吃，这是很正常的。（这并不是叛逆哦！）你只要微笑着说：“问得好，宝贝女儿。你知道我不会帮你买的，对不对？”

小咪笑了，甚至是大笑，然后把糖放回去。没错，她的确知道界限。有些时候可以吃糖，有些时候不可以。她知道界限，你跟她讲“傻女儿，你知道我不会帮你买的，对不对？”的时候，她会很高兴你当她是知道的。

你甚至可以跟她一起大笑说："你是不是傻瓜？也许我们应该买很多土豆片，还有巧克力牛奶、冰激凌，在车上吃光光，然后，我们就会真的很想吃晚饭，对不对？"

对孩子采取"负面期待"（negative expectation）的母亲可能会让孩子买棒棒糖，因为不想当众丢脸。她也可能不准，然后破口大骂："放回去！别再问了！你到底在想什么？你怎么搞的？在车上我不是跟你说过'不能买糖'吗？你聋啦？"

当孩子发现一个小小的请求就会让母亲抓狂，她可能会忽然想到："嘿，如果没搞错，我已经找到她的破绽了。好吧，且看我能赖皮到什么地步。"

正向期待也能帮助青少年设立界限吗？问得好。

某个晚上，儿子凯文正要出门，他问我："爸，我要和一些朋友去必胜客吃饭。"

"没问题。"我答，"去快乐一下吧！别太晚回来。"

"别太晚？"他问，"几点是太晚？"

这问题，我从来不会直接回答："哦，你知道的啊！"而是可能回答："就是别太晚啊！"

你心想："李曼博士，你昏头啦？你完全没约束他嘛！"没错，孩子问该什么时候回来会让许多父母头皮发麻却又不能不回答！但是，有教养的孩子不会只是遵守家规，在品德上，他已经训练有素。

几点回来才不会太晚？显然不是半夜四点。在土桑，我们有宵禁，如果凯文那时候才回来，很快就不能再享有开车的权利了。我希望他自己判断什么时候该回来。

如果我告诉儿子他必须在十一点回到家，这就是划了界限（底线）。他也许想要晚点回来，是什么拦着他呢？是我划的这条界线。而我希望由里到外训练我的孩子，希望他们自己划的线会让他们了解什么是善良，什么是爱心，这会防止他们被伤害或去伤害人。

我们的目标是在家里教养孩子，让他们打从心里学习到负责。技巧呢，就是给他们足够的自由去做决定。让他们自己去看重操守，这很重要。期待他们的最佳表现会让你知道要怎么去教养他们。

方式三：和孩子站在同一阵线

让十一岁的女儿萝伦开心的事情之一就是邀朋友来家里过夜。我常提醒自己，她脑子里永远都想问："我可以找朋友来家里过夜吗？"我尽量满足她真正的需要，换句话说，我和她站在同一阵线。

家里若采取反向期待，则会变成两军对峙，双方都绕着对方打转，伺机下手。若是两人站在同一阵线就会健康多了。

你会不会和孩子站在同一阵线？孩子会不会和你站在同一阵线？

和孩子同一阵线，并不是说什么事都要帮他们做，而是只要你做得到就努力去帮他们满足他们真实且正当的需要。如果希望孩子有教养，这一点是必要的。切记，一切都要回归到彼此的关系上来。如果你们经常绕着对方打转，找对方的破绽，你和孩子之间就不会有亲密的关系。

如果孩子看见你总是和他们同一阵线，当你偶尔必须说“不”时，他们不会那么容易生气。但是，如果你发现不论他们要求什么你都说“不”，那么，你们家不会有健康的界限，只会有导火线，动不动就开火。

方式四：从失败中学习

最近我收到一封信，是高中母校寄来的，说我登上了学校的“名人榜”。这是我听过最搞笑的事件之一，因为当年我的成绩是出了名的烂。

我是以全班倒数第四名毕业的，学校辅导员告诉我，他没办法让我到少年感化院去。我申请了一百六十所大专院校，没有一所录取我。我不但是问题学生而且不服管教。

然而，我还是急着告诉母亲这毕业多年后的殊荣。毕竟，那时我不断逃课，她就是被校方约谈的那一位。

我先读信给她听，然后说：“妈，我猜我们得第一了，对不对？我们是倒数第一、制造最后一场笑话的人。”的确是。当我们谈到回校领奖，我那九十二岁的老母亲差点笑掉假牙。

看重家庭教育的父母会把失败当成指标，这指标仅仅告诉我们：孩子需要更多时间来培养。如果孩子眼看要失败了（几乎每个孩子都会有失败的时候），你会希望他在学习失败时是置身在你那充满爱又安全的家里。孩子需要在这样的家里读错字、说蠢话（有个女孩说，她不懂在澳大利亚是怎么做冰块的，因为那里那么热），或者试穿小丑服装。一个美好的“家”会期待孩子的成功，也会乐于接纳孩子的失败。“家”会把失败看成垫脚石，而不是丢脸的绊脚石。

孩子常说："我不会"，"好难哦！"他们比较怕的是失败留下的烙印，而不是怕能力受到考验。如果你的孩子讲这类的话，只要轻轻把他们拉到身边，跟他们说："嘿，去吧！好好努力一下。如果不行也没关系啊！至少你学到了一些功课。"只要你的心态健康（失败是人生很正常、很自然的一部分），对孩子就是一大鼓励。你也可以跟他们讲一个你自己失败的例子，让他们知道在你眼中失败并不是世界末日。

去看小联盟棒球赛总是让人振奋，因为小球队有很大的犯错空间。事实上，太快窜起的小球员，长大后通常表现平平；小球队的经纪人喜欢"按时候"训练球员。因此，让孩子在家里失败是很有正面意义的。你会希望孩子在小比赛里好好接受考验，在这个过程中，他会很容易地找到冒险的勇气，而且知道就算失败，你也会为他加油打气，鼓励他再试一次。

方式五：小心你口里所说的话

女演员葛妮丝·帕特洛说自己"一直都是爸爸的乖女儿"[26]。父亲布鲁斯·帕特洛在她十岁那年带她去巴黎，好让她是"和永远爱她的人首度游玩巴黎"。她记得父亲这句话，这句话为她编织了一张"很大的安全网"。

她说："家父拥有令人惊异的犹太式温暖。"她父亲在她三十岁生日后没几天便过世了。她记得父亲"真的是一直支持我们（她和她兄弟）。如果你小时候，听到父亲说你是最棒的，你也会牢牢记得，而且心想：'好啊，我什么都敢试，因为不管怎样，我都不会失宠。'"[27]

箴言十八章21节告诉我们："生死在舌头的权下。"从全美各地的家庭中，我看到这的确是事实。

大家都知道这句话："被人砍会痛，被人讲不会。"其实不然，言语真的有摧毁人的力量，有些话一旦说出口就收不回来了。箴言警告我们："说话浮躁的，如刀刺人"（箴言十二18），"匪徒图谋奸恶，嘴上仿佛有烧焦的火"（箴言十六27）。

然而，言语也具有奇迹般的力量："智慧人的舌头，却为医人的良药。"（箴言十二18）用言语来表达正向期待是教养儿女的重要部分。葛妮丝说："在我的生命中，父亲是那位常会让我记起'我很安全，因为他们都在这里，他们好聪明，什么都知道，我永远都可以去找他们'的好父亲。"[28]

你也很希望孩子这么看你，不是吗？正确的话语会帮助孩子视你为安全之地，他们可以随时来找你，而你也随时等着他们。

葛妮丝还加了一句："每当我想到这点，我就会感动不已、心服口服，我真是三生有幸。"[29]

方式六：亲子对话

我所谓亲子间的对话，指的不是像小鸟、蜜蜂那样叽叽喳喳的对话。我指的是更重要的对话。

有时候，你需要和孩子讲这类的话："不管你这辈子做了什么，我都会永远爱你。也许你对妹妹不好，也许你对我们很恶劣，也许你拒绝我们的信仰，也许你变成骗子、小偷，甚至这些全都犯了，但我还是会一直爱你。这是永远不会改变的。"

你或许会想问我：为什么要讲这种话？甚至你会觉得，为了让孩子走在正道上，宁可让孩子恐惧战慄还比较好。

许多孩子之所以叛逆是因为他们觉得父母一心只要孩子朝他们

期望的方向发展。信奉上帝的人都知道，他告诉我们的却是：不论我们做了什么，他永远爱我们。我们脏兮兮的时候，不必先把自己弄干净，还是可以到他这里来。

因此，圣经那则浪子回头的故事会如此撼动人心[30]。不论那孩子闯了多大的祸，错得多离谱，父亲仍然爱他。跟你的孩子说：就算他没达到你期望的目标，你还是爱他。这会让他记得你的爱不会改变，他自会渴望选择正确的路。

方式七：让他们拥有这个家

我常常很晚才抵达旅馆，饥肠辘辘，甚至想要吃掉大厅里所有的宣传单。那时，我甚至希望有那种只卖小包花生和汽水的餐厅。

我会问服务台："你们餐厅还供餐吗？"

"不，餐厅十点就打烊了。"

"客房服务呢？"

"厨房十一点休息。"

看看手表，已经十一点零三分了。

要是旅馆经理够聪明，他会事先授权给柜台的人，让他们去处理这类状况。若旅馆没这么做，我就会听到："很抱歉，我帮不上忙。"

如果经理让手下的人把旅馆当做自己的，让他们自由发挥，我就比较有可能听到："你是不是想好好吃顿晚饭？"

"不，时间不早了，我只想要一份三明治。"

"好，让我看看厨房师傅离开前能不能做份三明治给你。这样可以吗？"

"那就太好了！"

只想在时间上抢第一的服务人员不会为旅馆着想，而只想快点闪人，早点回家看电视。被充分授权的员工却会为旅馆的声誉着想，会为走进这家旅馆的人着想。他们会把工作当成他们自己的责任。

在家里，你也要授权给孩子。每次交出一点，慢慢让他们完全接手，要让他们成为有责任感、可靠的人。不要事事遏止孩子，然后样样自己动手，你要让他们把家、把房子当成自己的。当然，在这种尝试的过程中，你需要对孩子抱有正向期待。

孩子若把家当成自己的，就会尊重家，会回家帮忙。朋友或亲戚来访时，有教养的孩子会主动帮忙。他们知道家并不是旅馆，不应该让经理（也就是爸妈）大小事情通通自己来。在有教养的家里，若不主动帮忙，会产生一些后果。比方说，失去到朋友家玩并且过夜的权利，或者被限制晚上不能和朋友出去。

有教养的孩子知道爸妈并不是跟在后面收拾善后的佣人，也知道动手做家事真的会让家变得很不一样。孩子会去查询电影播放时间，会帮忙准备全家露营事宜，会规划假日去探望祖母。用心让孩子觉得自己拥有这个家就是正向期待的具体行动。

不少家庭采用专制独裁的管教方式，这就会出现所谓的国王和王后——在单亲家庭里，就变成爸爸或妈妈一人独大。在这样的体制下长大的孩子很容易对城堡里的事物不闻不问，因为他们不觉得这城堡是他们的。他们会等着拿东西，只期待仁慈而专政的国王或王后为他们做所有的事。

我在亚利桑那大学当学务长时，校方决定让孩子们自由发挥，期待学生的最佳表现。我们帮学生准备油漆，让他们自己动手美化宿舍，只收一点油漆费，大概十五美元吧！

他们有没有在墙上涂鸦？有没有把整罐油漆从屋顶洒下来，在走道上画上现代画？没有。他们为房间漆上油漆，格外爱惜宿舍，因为他们把宿舍视为自己的投资，因此不会胡乱破坏墙壁。

采取这样的正向期待方式就是在培育有教养的孩子。你不必期待他们是天才，也不必期待他们杰出，只要期待他们有最佳表现，然后，给他们机会去呈现。即使如果他们没做到，也要原谅他们。

父母要给他们权利，期待他们做好分内的事。他们会有做不到的时候，但最后做到的会比做不到的多了许多。

爸妈**经验**齐分享

- 回想你自己的童年，然后，想想你期待孩子将来是什么样的人，免得你又把当年那令你痛苦不堪的模式强行套在孩子身上。
- 如果你的期待使你和孩子之间积怨多年，别让这股怨气延续到他长大。现在就跟他谈谈，并且在未来几个月里细心观察，给他时间慢慢改变，必要时和他讨论。
- 如果你的孩子很普通，就像一般正常的小孩，那他也很幸福，因为他不必名列前茅，也不一定要成为先发四分卫。
- 正向期待是满怀温情用平常心来看待孩子的失败，而不会大惊小怪。孩子偶尔会有偏差，重要的是他的方向正确，而且在家培养出内在的责任感。
- 要和孩子站在同一阵线。这并不是说什么都为他做，而是要去找出他们真实且正当的需要，然后，尽全力帮他。
- 你说出口的话很重要。看重家庭教育的父母会抱着正向期待，也会用言语来为孩子打气。
- 去跟孩子聊聊，跟他讲你的决心："不管你这辈子做了什么，我都会一直爱你，这一点永远都不会改变。"
- 与其限制孩子做这做那，或是你自己一手包办，不如让他们觉得这个家、这栋房子是属于他们的。慢慢训练他们把这个家当做自己的，借此训练他们负责任，成为可靠的人。

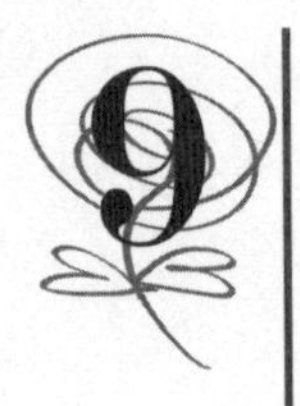

9 关于孩子的求学生涯

麻省理工学院寄出了2006年的回函，两三个礼拜后，注册组长玛丽莉·琼斯（Marilee Jones）收到一封很不客气的信，是一位愤愤不平的父亲寄来的。在公司专用信纸上，这位父亲写道："你们拒绝了我儿子。毁了他一生。法庭见。"

具有讽刺意味的是，琼斯组长第二天又收到另一封信，是这位儿子写来的："谢谢你们没收我。这是我此生最快乐的一天。"[31]

许多父母不但急着让孩子挤进名校，甚至恨不得拆掉学校大门，让孩子硬挤进去。琼斯组长说："在我们甄选的过程中，常有家长要求我们把申请函寄回，好让他们再检查一次有没有把字拼错。每天都有家长把传真送过来，想要更正和孩子一生有关的申请函。家长问我们，为孩子写推荐信时，需不需要写在公司专用的信纸上。"[32]

现在你知道了，看重家庭教养的父母不必把孩子送上开往哈佛的列车，也不必帮他"润饰"申请函。如果涉入太多，就违反了德育的原则。如果我帮孩子填申请表格，就是为孩子上了一堂清晰而令人难过的课："你怎么申请学校都没关系，只要进去就好。申请学校对你对我都很重要，进大学比品格、正直都重要。"

你等于是告诉孩子，说谎没什么关系；你不相信你种在孩子心里的这种观念某一天会在孩子生命中开花结果。我宁可送孩子去波丹（Podunk）社区大学学洗窗户，也不愿他们带着这样的观念去念耶鲁！

当然啦，这样的观念早在去念大学前就浮现，早在幼儿园就开始了。

♡ 父母看待学习体制的眼光会决定孩子的学习心态

不论在家自学或在公、私立学校求学，你怎么看待学校的学习体制会深深影响孩子的学习心态。

除了家，学校通常是孩子接受考验的第一关，家长的期待也同时在这一关被考验。学校根据孩子的年龄（或年级）来给予不同的待遇，然后看表现来衡量：未达平均、平均、超过平均。这样的做法见仁见智，虽然这不是重点，却会让家长面对考验，会让他们用孩子的表现来为自己打分数，来决定自己是谁。

孩子的成绩怎样，我没那么在乎，但我很在乎他们有没有尽力。漂亮的成绩单加上炫目的课外活动也许能把你的孩子送进常春藤名校，但总有一天，这些成绩单会积满灰尘，然后被装在车库的箱子里。

有些家长把学前教育看得生死攸关，以为孩子的终生幸福全靠这个。我在词典上查了查"前"（pre-）这个前缀，"学前"

（preschool）的意思就是“入学以前”。有些家长因为孩子没能进到“对的”学前教育机构就抓狂了。父母的这种心态会给孩子带来很大的压力，他们会逼孩子功课一定要好，会让他们选择去走捷径，以为成就比品格更重要。

♡ 孩子面对作弊的考验与压力

有天早上我走进厨房，看见桌上有张萝伦写的纸条：

> 拉丁文考试，5月20日
> 动词变化（就是在动词后面加个尾巴）

忽然，快速倒带，我发现自己正在背：

laudo（我赞美）
laudas（你赞美）
laudat（他赞美）
laudamus（我们赞美）
laudant（他们赞美）

萝伦的纸条唤起了我许多回忆，苦不堪言的回忆。拉丁文，我考了五次才及格。之所以及格，是因为考试时卡洛很好心故意压低左肩让我可以看到她的答案。

我的拉丁文考试要靠作弊才能过关，让我领悟到两点：读看得见的教科书，我不及格；在那看不见的、能把书读好的素质考验上，诸如纪律、团结、创意思考（哦，创意思考，我会一点点），我也不及格。这些全属于品格的范畴，全是家庭德育教育的重要课题。

不幸的是，有太多孩子没学会这些功课。亚伦是高三的学生，住在康涅狄格州的某富裕城镇，他承认“在西港（Westport），拿到B就好像不及格。所以，如果靠自己拿不到高分，就要另外想办法了”[33]。今日的学生，有四分之一认为所谓“另外想办法”包括作弊，不管是在计算器里装软件还是偷看邻座的答案（和我以前考拉丁文一样）都是过关的办法。

哥伦比亚的师范学院，有位发展心理学家苏妮娅·卢瑟（Suniya S. Luthar）博士专门研究西港那些家境不错的青少年。她很感伤地形容这群学生是“悲惨的一群人”，她看见“这群人得忧郁症、焦虑、酗酒、作弊的比例偏高……主要原因有二：成功的压力以及和大人缺乏有意义的接触”[34]。

和大人缺乏有意义的接触，这当然是呼吁大家要看重家庭德育教育！今天，有许多孩子打从尿布拿掉的那天开始就被要求成功。这些家长必须知道：品格和诚实比靠作弊成功更重要。

♡ 父母要会为孩子打分数

偶尔在研讨会后，有人来问：“我的孩子成绩不怎么好，我该怎么办呢？”

我会问：“她是怎样的孩子？”

通常回答是：“哦，她是好孩子。她会照顾妹妹”，或“他是个很棒的哥哥”。

“你的孩子听话吗？”

“很听话。”

“哦，你有这样的孩子是很有福气的。”

“是是是，李曼博士，这我们知道。”他以为我答非所问。

我继续说：“请注意听好。我跟你讲，你这好像很普通的十三岁孩子在生命中有许多选择。你知道的，今天的青少年如果想吸毒、纵欲、酗酒、偷东西、搞破坏，实在太容易了。你一定是教得很好才养得出这样的孩子，他们既尊重你的价值观，又会为别人着想。在我看来，这就很难能可贵了，比成绩重要得多。”

有些家长会停下来，想一想：“嗯，没错！”然后，可能承认：“有这样的孩子，我们真的很有福气。”

我再加上一句：“你要会为孩子打分数。”

“嗯？这是什么意思？”

“意思是说，你要知道为哪些项目打分数。看看孩子能力如何，他是怎样的人，他的工作观以及日常的生活态度是什么。然后，一样一样去打分数。我宁愿女儿思想品德考八十分，会寄体贴的信给她的祖母，也不要女儿拼命读书，思想品德考九十分，却从来不跟祖父母讲话，只因为她觉得他们好无趣，觉得他们身上会有怪怪的味道。”

我是不是太偏激了？真的完全不考虑孩子的成绩和表现吗？倒也不是。我是希望我们对孩子的期待要符合现实，要能鼓励孩子发挥天分和能力，而且能用功读书。但我认为今天孩子的成绩如何倒不是最大的问题，而要有眼光来为孩子的态度和价值观等打分数，因为这些才是重点。

想想看：有人向你要初中成绩单，那是多久以前的事？你看你的高中成绩单，是多久以前的事？有人问你从哪个大学毕业（或者没毕业），又是多久以前的事？

我得承认，初中时，母亲问我为什么一科七十分、四科不及格，我会说："我不知道。我想，大概是太专心念七十分那一科吧！"当年超烂的成绩有没有妨碍我今日的成就呢？完全没有！反而带给我不少有趣的话题！

如果你的孩子和我当年一样不会念书，去跟他说："看到你不喜欢念书，我很难过。"但他有没有学到东西呢？他是不是喜欢把引擎拆开，看看是什么让引擎转动？他是不是会读简·奥斯汀（Jane Austen）的小说并且爱不释手？他是不是热爱电影，常常借你的摄影机去找朋友拍业余短片？我更在乎的是我的孩子有没有学到东西，而不是他们毕业时能拿到全班的前五名或前十名。

同理，如果你看到漂亮的成绩单，别误以为自己是大学入学面试官，别说："我们实在太以你为荣了，会有一大堆学校来挤破我们家的门，抢着要你去！"只要说："看到你喜欢学习，实在太好了。我猜你自己也很高兴有这样的成绩。"或："你花了很多很多时间，很值得哦！"

如果孩子成绩平平而你很清楚他可以读得更好，可以问他自己认为这成绩如何。他也许会承认自己没有尽力。然后，别忘了，如果他不太有自信，可能会低估自己。

这很需要时间。看重家庭德育教育的人不会在孩子进幼儿园的时候就以为自己可以在孩子的求学生涯中诸事不理，只期待由"学习专家"接手自己的孩子。你必须了解自己的孩子，了解他在学什么，了解老师是怎么打分数的。如果你每次下了班就直接跑到外卖店买晚餐，然后到了孩子的就寝时间你还在笔记本电脑上忙个不停，就不会有兴趣也不会心平气和地来打造孩子的品格。

现在的孩子比以前任何时代的孩子都更需要父母。如果他发现你被别的事情绊住，你们的家变成了旅馆而不是家，那求学的这几年会让他们备受煎熬。

♡ 陪伴孩子做功课

你绝不会听到我问孩子："你有没有做功课？"他们知道，不论有没有功课，把该做的做好是起码的要求。孩子在这样的家庭长大，会把功课当成自己的事，把用功当成是自己的本分。

记得有一次，我坐下来跟孩子说："心肝宝贝，这是你的成绩单。我不知道为什么会送到我们家，上面还有你母亲和我的名字。因为这是你的成绩单，这些想必就是你的成绩了。再过九个月，有些你从来没见过的陌生人会盯着一张纸，上面有你的名字、你的地址，还有这些成绩，然后，他们会作出各种和你有关的假设性评估。他们不像我这样了解你，他们只看到数字，完全不认识你。他们看到的就是一个名字、一些数字。现在，你知道了吧？你希不希望我们为你的成绩一起努力呢？"

你能做的其实就只是为他备下念书的地方。那里要有桌椅，光线一定要充足。让孩子知道，书桌摆在那儿不是装饰品。

许多父母在孩子做了一小时的功课后还把客厅变成"夜校"。我不想为了孩子的功课把家里搞得人仰马翻。孩子把功课带回家，要让他们知道：做功课是有限度的。家长和教师协会（Parent-

Teacher Association，PTA）和全美教育协会（National Educational Association）建议以十分钟为原则：把孩子的年级乘以十大约就是孩子在家做功课的分钟数（三年级三十分钟、六年级六十分钟，以此类推）。如果超过，就可能有问题。

但如果功课做不完呢？你应该能判断八岁大的儿子没把功课做完是因为你听到他在房间听棒球转播，这时候就必须管教了。你不必唠叨他十分钟："约瑟夫，为什么不做功课？今晚我跟你讲了几次，要你把收音机关掉。"

什么都别说。第二天早上，上课前打个电话给老师（别让儿子知道）："麦老师，我只是想让你知道，约瑟夫昨晚完全没做功课。"然后，那个早上，老师就会当着全班把他叫到前面来："约瑟夫，请公布答案，然后，我们就可以开始上课了。"

让老师去帮助约瑟夫面对自己的功课。当然啦，你还是要知道孩子是否清楚事情的轻重缓急。通过现实的管教，就算是小约瑟夫也可以（也应该）为自己的行为负责。这"现实"就是他有责任按时做完功课，而"管教"就是老师会请他上台解题。如果孩子不按时把功课做完，就不妨让他的自尊心受点小伤，以长远的眼光来看，这代价还是比他习惯不负责任要小得多。

此外，孩子必须主动跟我们讲学校的事。

有天我去接萝伦，她很兴奋地告诉我："今天在学校做马赛克啦。"她一个一个步骤解释，那作品要两三个礼拜才能完工。我不太听得懂，这是当然啦，我是心理学家不是马赛克艺术家啊。

我从来不主动问孩子在学校学到什么。早晚他们会跟我讲，让他们主动是比较健康的。即使你不问，大多数小孩还是会跟你说他们的想法。

所以呢，别问小孩："宝贝，今天在学校做了什么啊？"就算你只是随口问问，小孩也都会回答，一直到四年级左右。一旦他们有一天开始觉得回答这个问题像是在作"报告"，他们就会只回答："没什么。"如果我们建立一个都是我们在问的交流方式，久而久之，孩子会演变成只会机械式地回答。

有位和我谈过话的母亲一直听不懂这点。我就转而问她的丈夫："工作八小时后下了班，你有多想跟你太太好好报告一番？报告的时候感觉怎样？"

"好累哦！"他承认，"我想在家里好好休息一下。我只想让自己关机。如果要我重新开机，再讲一遍，那就太累了。"

我说："这就是我的意思！让你儿子放学回来就知道是回到了家，回到了避难所，他可以在这里丢掉学校的压力，好好放松一下，而不是被迫要从头到尾向父母报告。"

♡ 用前瞻性的眼光望向孩子的未来

在一个强迫孩子力争上游的社会，父母要让孩子在家找到自己的步调。

如果孩子没有认真做功课，他在情绪上、社会化上，可能还不像他的同学那么成熟。如果老师说你女儿必须留级，不要大吼反击："为什么这样讲我女儿？她可是很聪明的！"

她很聪明没错，但智商和成熟是两回事。不用当心理学博士也会知道孩子成熟的时间因人而异。不幸的是，大多数家长以为孩子的在校成绩会决定孩子的一生。

请别误会。我并不是因为自己在校成绩很差就主张降低标准。但若孩子在学校赶不上大家，就别急着让他们升级。如果你不太确定，就让孩子多读一年吧！如果孩子的老师还不太确定，就快点下定决心让孩子多读一年吧！

现在似乎觉得很痛苦，但我保证，不论是男生或女生，十八岁念完高中或十九岁念完高中其实没多大差别，十年后（甚至两年后）就完全没差别了。你觉得某个上司会这么说吗——“嗯，我们比较想提拔史丹，而不是那么想提拔艾莉丝，因为史丹比较能和人相处，行政能力也比较强，而且他也比较熟悉我们公司的业务。但是艾莉丝十六岁就从高中毕业，而史丹毕业时都已经十九岁了。我想，还是提拔艾莉丝吧。”

事实上，不可能有人讲这种话。但若史丹完全跟不上，父母却还是勉强他升级，使他缺乏自信心，倒是未来有可能出现这样的话：“史丹似乎挺在意这份工作，但他实在没什么自信。在社交方面呢，他好像不太知道怎样得到别人的敬重。因此，我还是提拔艾莉丝好了。”

孩子未来的上司要看的是他的个性、社交能力，以及其他能力。他们不会想问你的孩子花了几年读完高中，他们只想知道他们雇用的人能不能干。

我们的小女儿念小学一年级时在学校只勉强学会玩积木，我们当机立断，马上把她送回幼儿园再念了一年。让她多念一年是不是表示她永远都跟不上呢？非也。之前的失败有没有让她心灵受创呢？几乎没有。如果家长太急着让孩子展翅高飞，孩子倒是很可能折翼。

现在，萝伦聪明得不得了。她可以从头到尾背出拉丁文字母，还可以倒背如流，只要是她认识的单词几乎都拼得出来。

不过，如果你的两个孩子年纪差不多，你也许想问：如果两个孩子差一岁，怎么办呢？要不要让老大多读一年，让两个孩子同一年级？这倒不妙，因为，最好是尽量把两个孩子分开。

比方说，你的老大在十一月出生，老二是在十五个月后出生（二月出生），在做决定时，两个孩子都要考虑——两个孩子分得愈开愈好。如果老大活蹦乱跳、唱歌跳舞样样行，而老二又明显地学得比大家慢，也许就让老二多读一年吧！这么一来，两个孩子就会差两个年级，这对老二特别有帮助。你千万不要逼这发育比较慢的老二去和敏捷灵活的老大比较。

♡ 和老师配合，站在同一阵线

父母在心态上要配合孩子的老师。

也许你还记得，每年亲师会的开场白都一样：“很高兴看到家长们今晚聚在这里，和校方携手合作，让下一代生命之路更宽广。”

事实上，家长和老师未必一直都能配合，反倒常常是格格不入的。但是，当你很想去质问孩子的老师时，记得先让老师有机会说话。如果听孩子说老师说了这个，做了那个，可别直接打电话给校长，而是应该先打给老师，听他本人怎么说。

你可以说：“我从九岁的孩子那里听来的，但我想听听你怎么说。我听说今天在教室有发生这样的事，我想多了解一下。”这么一来，你不但会有机会听到“事情的始末”，你的孩子也会知道她不能光靠一张嘴就把责任推给别人。

我们的两个孩子和一个女婿都是从事教师职业的，我可以了解到双方的立场。老师和某些学生特别处得来是很自然的。我们都是人，会和某些个性的孩子特别合得来，和某些特别合不来。但与其严责老师偏心，不如设法了解是什么阻碍你的孩子和老师之间的交流，让他们变得怪怪的。你必须帮助老师来了解你那独一无二的孩子。

对你的儿女而言，这也是很好的一课。也许你可以这么说："心肝宝贝，显然你和老师处得不怎么好。但我已经跟他谈过了，我相信他会对你很公平。你知道吗？从某方面来说，这倒是给了你很好的机会去提早练习。将来，你很可能会觉得老板超难相处，但你还是要学习怎样在那人手下工作，就像今天你在这位老师手下学习当学生一样。"

老师面对的是三四十个学生，期待他很快知道怎样去认识、去和你疼爱了好多年的孩子相处，这是不公平的。学习去和老师站在同一阵线，去和他合作吧！这样做，受惠的将会是你的孩子。

♡ 当"家庭"变成了"家庭学校"(Homeschooled)

十七岁的亚伦是来自德州阿灵顿的高中生，他基本是在家自学，但最近回到了学校[35]。他去的不是传统的公立或私立学校，而是介于传统学校和家庭学校之间的学校。

亚伦去的是恩典预校（Grace Preparatory School）[36]，每周上课十五至二十小时，大约是传统高中生的一半。其余的自由时间必须自己在家做功课或做研究，这正是他进大学后主要的学习方式。

这样的教育学校被称为大学模式的学校（University Model School，简称UMS），正在取代传统的公私立高中，也正在取代家庭学校，它兼具前两者的优点。

在传统学校里，学生每周总共要上三十五至四十个小时的课。在家庭学校（指在家教育）里，只花很少的时间（甚至不花时间）在正式课程上。传统学生和在家自学的学生进大学后，每周会花十五小时在课堂里或户外上课，这对他们而言会是很大的转变，不够自律的孩子更需要努力去调适。

大学模式的学校兼具传统学校的优点（预备学生进大学），以及在家自学的优点（家长参与、孩子自律），大致上也是由内而外地教养孩子。

在大学模式的学校体制里，在孩子小学阶段，父母要负责给予很多的教导。到了中学阶段，上课时间也增加了，父母的角色渐渐从家教变成助教。

和在家教育一样，大学预校模式也很看重人格教育，会协助孩子独立，也会一直让亲子之间有许多互动。若有人觉得在传统学校和家庭学校间难以取舍，我大力推荐大学预校模式。

也许你没有注意到，本书所说的注重家庭教育和家庭学校有一点是颇类似的——这两者都是由家长来栽培出成熟的孩子。“1992年，心理治疗师拉瑞·夏伊尔斯（Larry Shyers）在佛罗里达大学就近观察研究三十五位在家里接受教育的学生以及三十五位来自公立学校的学生的行为。他发现在家受教育的学生通常更有耐心，也不容易和人起冲突。相比之下，在家受教育的学生更会彼此介绍，也较少打架，他们更会和人互换地址、电话。简言之，他们的行为比较像小大人。”[37]

这并不是说，家庭学校比公立学校或其他模式的私立学校好。

不管哪种体制都各有利弊。我只希望你注意到接受在家教育的孩子所具备的优点：由家长亲自担任孩子的小学老师会使家长更能影响孩子，不论是在孩子的求学生涯或是人生的其他阶段；孩子会更深刻地认识父亲和母亲，通常孩子会和父母特别亲密，也会更认同家庭的价值观。

有人批评家庭学校（在家教育），说这些孩子可能会在“社会化”方面遇到问题。这方面，我没看到任何有力的论证。别忘了，只有在学校体系中是按年龄给学生分级的。我发现在家受教育的孩子在人际关系上（不管是和比他大的孩子、比他小的孩子还是成人相比）都特别成熟。他们一般不会“搞小圈子”，在各种社交场合也都表现得比较成熟。

此外，接受在家教育的孩子一般不会太小就对异性过于感兴趣。如果小孩觉得在家很有安全感就不会那么渴望从外界得到心理上的满足。如果在家自学的小学生或初中生和异性黏在一起，那倒是很罕见——若真有这样的孩子，我可要在我的著作里记上一笔。即使是初中生，要和异性发展亲密、认真的、只有二人小世界的关系，也都嫌太早。

说了这么多，我想告诉各位，我自己的孩子并没有接受在家教育。他们都去学校上学，都遇到了很棒的老师，他们在学校所体验到的，我们也都和他们一起为之感到兴奋。这就是为什么我没有厚此（在家教育）薄彼（学校教育）。

对某些家庭而言，让孩子接受在家教育、在家自学也许不是最佳的选择。但我的确很想指出在家教育和我所谓的经营一个“好处多多的家”两者有很相似的理念，那就是孩子的情绪世界应该以家为中心。

身为家长的你理当最能影响孩子，也最能鼓舞孩子。让儿女的自我认同深深扎根在你的家庭里吧！一旦孩子开始上学，他们就会开始接受考验，那时候，家庭就显得非常重要了。

爸妈经验齐分享

- 除了家庭，学校通常是孩子接受考验的第一关，也是测试家长期待的石蕊试纸。学校对孩子来说是很重要的一个学习环境。父母要想办法除去那为人父母以自我为中心的部分。
- 问问自己：你比较关心的是孩子学到东西呢，还是他们以漂亮的成绩毕业？
- 不要把家变成夜校，那会把孩子逼走的。
- 如果孩子成绩平平，而你真的觉得是因为他不肯好好念书，那就问他自己对这样的成绩有什么看法。
- 尽量不要问孩子："你有没有做功课？"这样才能培养他们内在的责任感。也不要问孩子："今天在学校学到什么？"早晚，他们会告诉你——让他们主动谈起，是更为健康的模式。
- 孩子的成熟度因人而异。许多家长斤斤计较孩子的成绩和学历，以为孩子这辈子的成就和发展就以这些来决定，其实不然。
- 不论你的孩子是在家庭学校、公立学校、私立学校还是在大学预校就读，都要让他从心里深深认同自己的家与家人，这样，你才能为孩子留下一生难忘的记忆。

10 拼事业 vs. 顾家庭

虽然身体疲惫又加上感冒，马可还是去参加了公益活动。周六晚上，史丹朝他走过来（马可向来尊敬他）：

“我可以跟你说说心里话吗？”

“当然可以。”马可回答。

“马可，我看你一直吃感冒药是不行的。你样样求好，样样拼命。这怎么行呢？你看起来好累。每礼拜工作多久啊？”

“大概五十五到六十五小时。”

“最好减到四十小时。”

“史丹，”马克不服气，“我认识的人，全都工作超过四十个小时。”

史丹自己是老板：“哦，我认识的人，全都只工作四十小时。只要下定决心，这是可能的。雪莉有没有跟你谈过这件事？”

“有，当然有。”

“别像我，都这把年纪了才把妻子的话听进去。老天爷给我们妻子是有道理的。”

马可后来回想：“那些话让我想了又想。与史丹的这段对话、回家和雪莉的倾谈，还有一篇史坦利（Andy Stanley）的演讲《选择欺骗》（“Choosing to Cheat”）都让我开始深思自己的人生。史坦利说，人们常会说自己没时间去做所有想做的事，这样说时或多或少都是说自己没空，这都是在骗人。事实情况是，就算很想和某些人在一起，人们也还是说没空。而且往往把最好的时间给了工作或自己的嗜好，然后骗家人说，剩下的时间才是他们的。”

马可和雪莉后来已经决定减少工时，但马可还是对此没把握。“我才接了一个大案子，如果忽然将每周工作时间从六十小时减成四十小时，就像是辞退了一个兼职的同事。但史丹跟我讲得够清楚了，雪莉跟我也努力配合。我们终于都同意他是对的。”

如果你人都不在家，怎么可能让孩子拥有好处多多的家呢？我知道，我知道，你会说如果你不工作，就不会有钱买房子，更不会有钱让家人吃饱穿暖。可是，如果你把工作看得比家人更重要，就是舍本逐末了。

朋友，该是面对真实人生的时候了。

♡ 是我们在支配工作

有时候，我在离家千里外的旅馆准备周末研讨会的讲稿。我会想象珊蒂和孩子们此刻在土桑的家里做什么。然后不禁自嘲，离家这么远，我在干吗？

常常出差，是不容易顾到家庭的。对出门在外这档子事，我的标准说词一定是（就像账单一定会出现在信箱里）：我在赚钱养家。

如果在家，我们会整天和孩子在一起，读书给他们听，和他们到后院投球，或者全家出去骑单车。虽然你吃的食物有可能长在树上，但买食物的钱却不可能。你必须要赚钱养家，除非你是范德比尔（Vanderbilt）、卡内基、洛克菲勒之类的大富豪。你就好像要杂技的人，手上有两个球（家庭和事业）要轮流抛接，究竟是赚钱比较重要呢，还是顾家比较重要？

在我们这个工作过度的社会，要在家庭和事业上取得平衡真是超难。美国人每年的平均工时大约是两千小时，比法国人多三百小时，比德国人多了四百小时，比挪威人多六百小时。其他工业国家，只有发展中国家（如，马来西亚、斯里兰卡、泰国）的工时和美国相当[38]。

对某些公司或父母而言，孩子就像是杂要里的另一颗球。但如果我们希望孩子在家得到良好的教育，工作就该是为家人而存在，而不是反过来变成家人是为工作而存在。

♡ 工作真的那么重要?

凯伦·休斯（Karen Hughes）是老布什总统的财政顾问，大概也是当时美国权力最大的女性之一。马克·麦金农（Mark McKinnon）是总统的媒体顾问，他估计总统每天一百个决策里有二十个决策需要去请教休斯。“他完全信任她。他最信任的就是她。”[39]

不过，凯伦却是以家庭为优先的人。2002年十月，她为了全家能搬回德州向总统请辞。当时很多人一定以为她疯了。

在三月的某个深夜，凯伦和丈夫杰瑞、儿子罗勃在厨房的餐桌上开家庭会议。后来回想起来，她说：“我们真的都好想回德州，终于让我下定了决心。”

就因为这次家庭会议，凯伦在4月17日请辞，当时总统正要去遛狗。

她私下跟总统说：“总统先生，我很敬爱您，但我们全家都想回德州。”总统边听边走出白宫，走到漂亮的草地上。

总统说：“我知道你向来是家庭第一的。”[40]

不论你从事什么职业，要教育出好的孩子，就得把家人排在第一位。你可能觉得在工作上没人可以取代你，同事也很肯定你，肯定到让你回不了家，然而，再也没有比家人更重要的了。

♡ 别被榨干

有多少次，回到家时你已经身心被榨干了，没剩什么力气给家人？如果家里也进行考绩，我们这些当父母的可能会得到这样的评语：在家表现欠佳，不胜任。

我建议需要赚钱养家的人别只顾工作。如果你花110%的力气和时间在推案子、做培训上，还会剩多少力气去推孩子荡秋千、训练子女兄友弟恭？如果你把一切全给了工作，就不会有心情，也不会有力气去满足家人的需要。

说真的，这世界通常不会奖赏鞠躬尽瘁的人。堪萨斯州队的前任总教练甘瑟·坤宁翰（Gunther Cunningham）为工作付出一切，球季结束的那天他在办公室待到清晨五点，那天可是圣诞节呢！

他的奖赏是什么？

两周后被开除。

我到处旅行，听了不少令人心碎的真实故事。许多年轻男女卯尽全力，想成为合伙人，想进驻视野最佳的办公室，想成为副总裁……结果却被判出局，只因另一个家伙愿意再多加点班或更有手段。至于那些被合并、被重组、被裁撤的人，他们结果如何呢?

人生短暂，孩子的童年稍纵即逝。我很爱我的工作，也很想多陪陪孩子，不想错过他们的重大活动，因而情愿把钱包掏空，情愿住在比较小的房子里。

要怎样才不会把一切全给工作呢?

首先，既然定出上班时间，就必须定出下班时间。上班不该迟到一小时，下班回家也不该迟到一小时。

第二，把工作留在办公室。如果必须把工作带回家，就等到孩子全都上床而你的另一半也还在忙再把工作拿出来。你一天下来已经工作了八九个小时，至少总要花个四五个小时在家人身上吧!

第三，如果你的工作压力实在很大，总是加班，或者回到家总是累到不行，那就换工作。

你说："哪儿那么容易!"

我可从来没说会容易哦!不过，一个美好的家庭是值得好好努力的，对不对?

如果你现在的工作必须要经常加班，那就换工作吧!你认为这样做很愚蠢吗?或是这样做太过激了?可是，难道你希望孩子穿名牌、念名校，却不太跟你来往与互动?

有些公司会要求员工搬家。如果老板要你从圣塔菲（Sante Fe）搬到西雅图，而你的亲戚朋友全在圣塔菲，我的建议是尽可能留在圣塔菲。搬到西雅图就意味着要放弃千金难买的祖父母和亲朋好友。他们是你的财富，不值得为了多点收入或名片上的新头衔而把这些都丢出窗外。

排好优先次序会让你作出决定，因此，要坚持。如果你工作是为了支持家庭，那么，当别人工作到很晚或放弃家庭时间去追求升迁时，你也还是会努力把工作当手段而非目的。

经验告诉我，狂风暴雨时，我会很想在家里和孩子们吃爆米花，一边安抚小小孩，一边和大小孩为雷电交加而惊呼赞叹。如果台风天只能在旅馆房间收看天气预报，时间是很难熬的。当我出门在外，到了孩子的就寝时间就只能在电话里和他们亲热地聊几句，和他们一起祷告唱歌。有些父母甚至在出门前先录好孩子喜欢的故事书，让孩子在自己离开这段时间可以听录音。这当然是没有临场感，但至少表达了你的爱，等到你回家和他们团聚时会感到格外亲切。

♡ 参与孩子的人生

萝伦通过长途电话跟我说，她即将在学校音乐会里独唱。从她兴奋的声音里，我听出她真的很希望我能到场，因为这是她的大日子。

所以我缩短行程，火速赶回家，就为了看她演出。这一趟行程让我像个挥金如土的皇帝——我差不多花掉了一万美元。

我及时赶上了。走进学校大礼堂，原以为会看见一堆活蹦乱跳的小孩，却没半个人影。

我记错时间了吗？

我冲进学校办公室问：“学校音乐会怎么啦？”

那女士反问：“什么音乐会啊？校方不知道什么音乐会啊！你

要不要到女儿的教室去看看？”

我跑过走廊，到了萝伦的二年级教室并走进去。女儿正在班上的小剧场独唱，歌词总共六个字。

那场“音乐会”花了我这辈子最昂贵的旅费，不过，我赶上了。

你知道吗？这是值得的。萝伦看着我走进来，眼睛都亮了，我懂了。我买的不只是一张奇贵无比的机票，同时也买到了让女儿毕生难忘的回忆。就算她忘了这次演出（我猜她不会忘），也还是知道我很在乎她，因为我人在现场。

企业家讲究营销，绞尽脑汁谈策略，可是，如何将爱传给我们的孩子呢？当麦迪逊大道（Madison Avenue）推出牛仔装、香水、最新的唱片时，让我们来大力宣传并推出“关注”、“奉献”与“投入”。

用商业术语来说，我做的是将我的关心与付出推销给萝伦。在这次的“营销战”中，我花的钱足够买下报纸上的满版广告，然而，这可不是当日特卖（one-day sale）而是一辈子的回忆。我要推销的并不是更好用的老鼠夹，而是向我的宝贝小女儿宣示我的爱与决心。

我知道有些人会花四百美元买最新型的钛合金推杆，只是为了把高尔夫球向前多推几码！却拒绝花一半的钱去参与孩子的重要时刻。

千万记住：在工作与家庭间取舍是要付出代价的。有些父母之所以放弃加薪、升迁，是因为工时太长，出差太多。有些父母提早上班是为了提早下班，赶在孩子放学前回到家。有些父母几年不就业，甚至放弃事业，是为了专心带孩子。

我不会假装这些不需要付出任何代价，也不会假装代价很低，我承认，是的，为人父母是要牺牲。我很务实！身为有一份工作的父亲，我每天都活在这样的现实里。

但我也要说，这些代价和牺牲全都值得，绝对会是你的最佳投资。

♡ 快到家了

如果要让家庭时间有一定的质量，你必须要学习为了家人而把工作放一边。也就是说，不要把工作带回家。

下班回家的路上，未必天天都心情愉快，也未必天天都有大量体力留给孩子。我知道心情欠佳、体力耗尽的滋味。

你忙了一天，在塞车回家的路上尿急。再有十公里就到家了，你差点想用孩子留在车上的空瓶子来解决，但你估计到家前还可以忍受。

如果真是这样，打手机告诉太太："亲爱的，我五分钟后就到家了。可是我尿很急，膀胱都快爆了，请给我三分钟。"太太说没问题，孩子一时不会冲出来抱住你。

接着，准备好你的心。开车回家的路上，也许你很想听听收音机里最新的政治话题，或是了解一下股市动态，但还是收听可以让你放松的轻音乐或老歌吧！

回到家，也许你很想看看信箱，看看报纸，再忍耐一下（哦，对了，如果不希望将来到泌尿科求诊，就应该先去尿尿）。

最后，虽然你真的很累，别忘了，孩子已经在家待了几个小时，可能想要你陪陪他们。如果你够聪明，就会去陪他们。

想要教出有教养的孩子，就要让他们知道：我爱你甚于这只公文包，甚于茶几上的这份报纸，当然，也甚于桌上这堆账单。进门（或你上完厕所）的这几秒钟，你脑海闪过的念头将会决定你和孩子共处的质量。

想象一下，如果你让孩子知道我好高兴看到你，那是一份怎样的礼物。

♡ 开始行动吧！

记得我一开始就提到的马可吗？他曾经每周上班五十五到六十五小时。工作榨干了他的体力，让他没办法陪伴妻子和两个孩子。“不光是没时间，”他说，“我回到家时已经没力气了。”

和史丹谈过话后，马可在某次开完会后跟老板说：“我想让你知道，我正在减少工作时间，不再每周工作六十小时了。我不确定对业绩会有什么影响，但我已经决定了。”

老板回答：“有时候，你就是必须工作这么长的时间。”

马可说：“我知道有时候必须如此，但我不打算再这样了。”

马可和雪莉都等着看。

结果业绩不但没下滑，马克还得到了绩优奖！

马可后来说：“我多花时间和精力陪家人，结果却有令人意外的惊喜。我有了更多时间陪雪莉，我们觉得老天爷告诉我们：‘你运用智慧来作出决定，我会照顾你们的。’”

许多人以为“家庭哲学”会要我们作出更多牺牲，从某个角度看来，确实如此。但换个角度来看，它却给了你一个最稳固的根基，让你可以在其上建造人生，而你所得到的奖赏往往比你放弃的要多得多。

圣经说，你工作六天比七天更有效率，这是有道理的。许多人发现，每周工作四十小时，回到家就充电，远比工作六十小时来得有效率。六十个工时真是令人沮丧、焦虑与倦怠。

何不试试？试一个月看看，让家庭占据你生活的第一位。我猜，你会看到这样做的好处多多，再也不想回到从前。

爸妈**经验**齐分享

- 在工作上或许你觉得自己是“可以被取代的”，但你在家里却是无法被取代的。别把一切全给了工作，留些时间和精力给孩子。
- 要用慧眼来看待工作。如果公司要你搬家，要尽可能拒绝，因为搬家会让你离开亲朋好友。如果你的工作需要常常加班或压力过大，就换工作吧！
- 陪伴孩子（即使花大钱）就像是为自己打广告，让孩子知道你的关注、投入和爱。
- 下班回家的路上，先预备自己的心情来和家人共享优质时光。

11 凡事都觉得无所谓的孩子

拉瑞·金（Larry King）曾经访问过布兰达博士，她是《选择在家》（*Home by Choice*）这本书的作者。当时，拉瑞马上要添一个孩子了。他问："布兰达博士，谁抱孩子真的很重要吗？"她回答："我经过详细研究（正如她在书里提到的），答案是肯定的。"谁抱孩子的确很重要。有首老歌提醒我们，手臂连着肩胛骨，肩胛骨连着颈椎，颈椎连着头骨，头骨包覆着脑子，脑子是价值观的中枢。

如果你在清晨六点半把睡眼惺忪的两岁孩子送到托儿所，下午六点半把他接回家，再过两小时他就上床了，那么，是谁在教他关于人生的种种？是不是那位几乎是领最低薪资的保姆？是不是那个两个月前才决定到托儿所工作的人（因为她觉得在购物中心女装部折衣服实在太无聊）？

在政府公办的托儿所照顾你孩子的人也许在学历和社交技巧上"得到了认证"。然而，面对你带到这世上来的新生命，你就只有这么点期待吗？如果孩子三岁时就已经和你疏离，到了三十岁就不再打电话回家，这对父母有什么好处？划算吗？

♡ 有什么不一样？

让我讲得直白一点。你希望孩子有教养，爱自己的家庭，还是你希望把孩子送去托儿所，等他长大后怪你让他被不知姓甚名谁、这辈子再也不会碰面的陌生人带大？

你以为父母不重要，以为孩子不论在自己家，在托儿所，在保姆家长大，甚至于被一群狼带大，结果全都一样？如果你真的是这样想，那我只能希望你要自己多保重。孩子的价值观和品德并不光由基因来决定。你可能知道有个研究说，学龄前的孩子不论在家还是在托儿所长大，并没有差别[41]。然而在内心深处，你很清楚，不一样就是不一样。

你真的需要政府花五十万美金来告诉你：全世界千千万万人，唯独你是那位能影响你孩子的人？你真的需要哈佛的学者专家在期刊上告诉你，花时间陪孩子对孩子有益？为什么还要问："我们可以在孩子的生命中缺席多少次？"你我明明知道答案——愈少愈好。

劳拉·施莱斯辛格（Laura Schlessinger）博士说："我有一次上《唐纳修谈话秀》（*Donahue Show*），他为了我的书《作茧自缚的女人——百般借口，十种愚行》（*Ten Stupid Things Women Do to Mess Up Their Lives*）访问我。我的书里完全没提托儿所，但他们先和观众串通（这是某位观众告诉我的），要一位年轻的女性主义者攻击我来引起争议，让这节目显得有趣。我当时不知道电视节目这么假。不过后来倒也有趣，我被惹毛了，就问大家：'好吧，如果你死了以后真的可以投胎，你是不是宁可被托儿所、某些阿婆或保姆带大？如果是，请站起来。'

"结果这群骂我是疯子的观众没有一个站起来。大家全都一动也不动，摄影机赶快转开（我有录像带，我很喜欢重看这段）。我就说：‘那，你们为什么要这样对孩子？’”[42]

多数人都希望被父母带大，然而，有许多人既把孩子送去托儿所又想免除自己的罪恶感。事实上，你只能二选一：如果你希望孩子在家里长大，得到最好的教养，那么把孩子送给别人带就不是最佳的选择。

你可能知道最近有个研究，是国家儿童福利及人类发展中心（National Institute of Child Health and Human Development）的早期育儿研究网（Early Child Care Research Network）所主持的。最广为人知的发现是：三个月到四岁大的孩子，由妈妈以外的任何人照料的时间愈长，进了幼儿园后不听话的程度愈高，攻击性也愈强，这是他们的老师说的。

有人会说，这些行为全都在正常范围之内，也就是说，没那么严重，不必理会。但我认为研究结果很明确：和父母全天照料相比，托儿所没那么好。

另一项研究告诉我们，学步儿（十六至三十八个月大）每天在托儿所的时间愈长，承受的压力愈大，尤其和婴儿时期相比更是明显。如果是在家里长大，压力会慢慢减轻[43]。

给父母的建议

今天，美国大多数公司会给母亲几个月的产假（父亲大约是一个月），但通常会希望你在你的小婴儿第一次对你笑让你心花怒放以前，就找到托儿所（或保姆），好让你重回职场。

你怕失去工作，也怕失去孩子出生以前有一定基础的事业，于是就妥协了。你跟自己说：“毕竟，她每天都要睡掉半天。我并不是真的每天离开她十个小时，期间她总要睡掉三至四小时，我在不在她身边无所谓！”你甚至提早几天回去工作，只为了让老板知道你没有“掉队”。

学龄前的清醒时间几乎全在托儿所度过的孩子会变成“凡事都觉得无所谓的孩子”（Kiddie Kennel Kids）。父母每天上班前（清晨六点半）送来，下班后（下午六点半）接回家。这些孩子长大后，对人对事都比较漠不关心。

如果你的孩子也是这样被接接送送，我请问你：你这么做，是为孩子着想，还是为你自己着想？

我知道你可能非出去工作不可，尤其如果你是单亲父母。然而，如果你之所以这样接送孩子是因为你认为学前教育是必要的，那么请三思。学前教育之所以还有好处，是在运用得当的情况下，不过，学前教育肯定不是必要的。我没受过学前教育，这有没有让你不想读这本书呢？在这本书的封面有没有写上“顺道一提，李曼博士三岁时并没有去念托儿所”？

如果你已经决定送孩子去托儿所，你也认为这样最好，那么请记得，大致上三岁孩子每天两个半小时、每周三天待在托儿所还可以。可是，不论哪家的孩子两岁的时候都不应该属于任何的学前教育机构，因为在那里不可能有“教育”，只有“育婴”。

如果几经思量，你决定找人帮你带孩子，请你考虑轮流照顾孩子（babysitting co-op）。这至少有三个好处：（1）便宜，甚至可能免费。（2）会让你的孩子学习和别人相处，这是学前教育和托儿所的优点。（3）轮到你照顾孩子时，你会看到孩子和别的孩子互动。

如果由你发起，你可以选择志同道合的同伴。不用花什么钱，不至于造成经济负担，又可以让你多待在家里。通常孩子会得到不错的照顾，也会得到更多疼爱。

♡ 单亲父母所遇到的难题

如果你是单亲，会面对什么难题呢？

大多数单亲妈妈必须工作。如果你能把孩子送到保姆家或和别的妈妈轮流照顾而不是送去托儿所，那是最好的，因为孩子通常有较多机会和愿意爱他们的人互动。

但如果不可行，只好送去托儿所了。那么，你可以先问自己：

★ 我想去那儿吗？

★ 那儿干净吗？

★ 我可以随时造访吗？

★ 老师们如何与孩子们互动？

★ 课程与我的价值观相符吗？

很少有人会对单亲妈妈说："有些人不能给你孩子最好的。"我无意让你为难或令你伤心。但是，请尽可能作出最好的决定，尽可能作出最好的调整，尽可能花时间陪伴孩子。

不论你是不是单亲父母，请想一想，有朝一日你的孩子会了解你今天为他们慎选托儿所的用心。届时，孩子大多会谢谢你当年为他们尽了全力。当然，如果你现在选择工作第一、亲子关系第二，你们日后的麻烦就大了。

你的儿女早晚都会知道你今天为他们付出了多少时间、努力与牺牲。我辅导的个案多到足够让我清楚：你的孩子会觉得被送去托儿所是他们的牺牲，而不是你的。你认为自己加班是为了他们，他们却不这么认为。

反之，我从来没看到哪个孩子因为父母在家而心有不满。孩子们总觉得父母在家是一大幸福，这表示父母很在乎他们。

♡ 孩子出生后的前六年时光

我四处演讲，常被问道："李曼博士，我很想回去工作，但又不想对不起小孩。如果妈妈真的把孩子放在第一位，她应该在家里待几年呢？"

我通常会先确定我们讲的是同一件事，问这位母亲是不是真的想知道我的答案："你是不是想要了解怎样对孩子才是最好的？"

"是的。"她说，同时以为我会说出一个让她跌破眼镜的答案——比方说六个月。

没想到我的回答是："那，我建议你在孩子人生的前六年都待在家里。你现在也许觉得这时间好长哦！但是想想你的人生，这并不比你去念大学的时间长。孩子四岁的时候，有80%的人格已经成形，所以，如果你能在孩子人格塑造的这几年里待在家中，是再好不过的了。如果你要选择返回职场，那等到孩子六岁上小学吧，那是最顺应自然的。"

"但公司不会为我保留职位那么多年！"这位母亲抗议了。

"我知道，但你问的不是这个啊！你刚刚问我，怎样对孩子才是最好的？我也回答了啊！我认为每个孩子在六岁以前，都应该有母亲在家陪伴他。”

♡ 可以有弹性吗？

幸好，有些公司全力配合家庭，比方说，连假、工作分担、兼职、电子联机、弹性上班。

我趁旅行之便和许多空服人员聊天了解到，有些航空公司会让他们每两个礼拜只工作两天。这些空服人员发现，只要在他们值班的这两天找到质量不错的看护人（祖母、姊妹或本身也是当妈妈的好朋友）就可以继续工作，而且可以利用工作之便，四处拜访家人，又不必花大钱。

如果你打电话到我诊所，你会发现看诊时间是上午七点到下午三点，为什么？因为我的助理有个十六岁大的女儿，而且，有个机构希望我下午四点能过去。虽然这让我有点不方便，我还是这么安排看诊时间，因为，让一个少女放学后回到空无一人的家就更不合适了。

有些看重教养的家庭会特地为孩子做安排。可能是搬到公司附近以缩短通勤时间，也可能是减少房租或房贷，甚至是减少开销。

如果你能决定自己的行程，就能自行调整。如果行程无法由你掌握，在家的时间就更重要了。你要如何善用在家的时间呢？

在时间和金钱的使用上，你是否尽了力？如果你还在考虑要不要外出工作，一定要考虑现实。

♡ 计算代价

如果你正在考虑重返职场，或正在考虑辞职回家，请先考虑这几点：

（1）问自己：我为什么工作？我现在做的，所为何来？也许你有好些理由，但如果你的动机并非主要是为了家庭，那么，很可能你把工作抓太紧了。

（2）计算一下，回去工作会让你增加多少收入。别忘了扣掉育婴费、所得税、置装费、外食费、交通费（可能要多买一辆车）、房屋清理费等等。

拿出计算器来算一算。重返工作真的划算吗？有篇文章说，从经济学的观点来看，你的收入必须至少是保姆费的2.5倍重回职场才划算[44]。减少开销，过得朴素点，通常比两人都上班为佳。住在哪儿？怎么过日子？只要朴实一点，就不必两人都外出上班了。

（3）问自己：按照计划，我必须在家里待几年？并不是叫你这辈子都缩衣节食。只要花比念大学再多一点点的时间就可以好好教养孩子了，这样缩衣节食，很值得。当然，如果你有三个孩子，时间就会拉得更长了。即便如此，十年只是身为成年人的你的一个片段，却是儿女的大半辈子。

（4）问问看，可不可能在家工作或弹性上班。如果你真的非上班不可，找份能让父亲或母亲至少有一位在家的工作，让孩子只要回到家就可以看见父亲或母亲。但也要确定你们俩有足够的时间相处，这样才有美好婚姻可言。孩子在学校时，找份兼职就好，即使钱比较少。

（5）最后，要勇于问孩子：我回去上班好不好？可以直接问：“宝贝女儿，如果妈妈回去工作，你觉得怎样呢？”孩子的反应很可能会帮助你下定决心。

♡ 每位母亲都在工作

“你被选为首位非裔女航天员，你却放弃了工作上的大好前程，为什么？”节目主持人莎莉·洁西·拉裴尔（Sally Jessy Raphael）在白天的脱口秀中这么问海伦·杰克森（Helen Jackson）。

“我的大儿子在学校出现问题了。”海伦回答，她在马利克三周大时重返职场，“他严重退缩、沮丧，六年级时被留级，我的儿子就快变成典型的反面教材了。”[45]

你可能看过汽车保险杆上的贴纸：“每位母亲都在工作。”（Every mother is a working mother.）是真的。孩子出生后，不论母亲在家或在外，她都有许许多多的工作。

近年来，“妈妈在家带孩子比较好”这个事实变得不怎么被重视了。1997年某研究告诉我们，大约50%的成年人说，妈妈在家带孩子比较好；在1977年却有70%的人这么说[46]。我在前面讲过：“孩子未满十八岁的母亲，有72% 是职业妇女。”[47]

不过，最近又有些正面的趋势了：“家有婴儿的母亲，有55%在外工作，和1998年的59%相比，人数是下降了。自1976年以来，这是首度下降。”[48]

我希望这是个转折点，希望更多母亲能选择塑造孩子，塑造我们的国家。许多母亲已经决定（或已经采取行动）选择兼职而不是全职工作。母亲在家带小孩是非常重要的，想想看，我们在前面提到的国家儿童福利及人类发展中心的早期育儿研究网表示，最能影响孩子的是母亲。

不过，要作出这样的决定，必须要让母亲拥有选择的权利。很不幸的是，许多家庭的生活方式迫使母亲非出去工作不可。所以呢，尽可能别让经济因素来左右母亲的决定。

布兰达博士写道："海伦因此回家，把三个孩子留在家里，由自己来教。短短九个月后，三个孩子全都跳了至少两个年级。马利克本来只有四年级的程度，现在已通过九年级的考试。他不再退缩沮丧，开始在社交上有进展，甚至成为朋友中的领袖人物。"[49]

"放弃事业，我一点也不难过。"海伦又说，"没错，如果我选择自己的事业，孩子就会受罪。如果孩子不快乐，我怎么可能快乐呢？"[50]

海伦没去探索太空，转而探索孩子的潜能，这个决定会让她和孩子日后回顾时感激不已。

♡ 父亲养育孩子的天性

"在我记忆中，童年的愿望之一就是父亲多待在家里。"安德鲁·赫德纳特（Adrew Hudnut）医师是加州沙加缅度（Sacramento）的家庭医生，他回忆："我当时八岁，我们刚从独木舟之旅回到家中，还记得我当时心想：'我不想要更大的房子，也不想要更多钱，我只想要爸爸常在我旁边。'"[51]

幸好，愈来愈多的父亲愿意有所牺牲，以好好教养儿女。"哈佛的瑞克里夫公共政策中心（the Radcliffe Public Policy Center）在2000年主持的全国调查中发现，二三十岁的男人里有82%表示薪水和地位没那么重要，有没有时间陪家人比较重要……有愈来愈多的雇主听进去了。海威（Hewitt）顾问公司的调查报告显示，有75%的老板愿意提供兼职、弹性上班、工作分担、电子联机等便利，或让员工每天加长一点工作时间来累积一天的假。1990年，这样的老板只有45%。”[52]

父亲愿意回到家养儿育女，这不只和情绪有关。研究显示，孩子出生后几周，父亲的雌性激素和泌乳激素（帮助女人哺乳的一种荷尔蒙）会增加。雄性激素则在孩子出生后三周降低33%[53]。为什么？心理学家安妮·史多瑞（Anne Storey）对此作出了最合理的推测：“女人的荷尔蒙是为了生产，男人的荷尔蒙则和妻子密切配合。”

也就是说，爸爸打从孩子一出生，他的天性就会是去养育他们。

妈妈，你也是。

听从天性吧！

爸妈经验齐分享

- 在孩子成长的过程中，谁抱孩子确实所有不同，因为你的孩子是通过这些臂膀建立起亲子关系的。
- 如果你真的为孩子着想，就至少在孩子六岁前待在家里陪他。
- 善用你所拥有的时间与金钱，学习有责任感地为两者作出预算。这些安排会影响你对孩子的教养。
- 再仔细计算重返职场的代价。有人认为，从经济的观点来看，若要外出工作，收入必须是托儿费用的2.5倍才划算。
- 从生理学来看，父亲的身体在孩子出生时就已经准备好要去养育他们了。所以呢，爸爸们，请听从生理上的天性吧！

让单亲父母喘口气

面对在工作与家庭间力求平衡以便教出好孩子这项任务，再也没有比单亲父母更辛苦的了。事实上，我认为那是全世界最艰巨的任务。单亲父母往往时间不够用，在教养孩子上可以选择的资源也不多，还常常因为罪恶感而作出某些决定导致结果更糟。

但如果愿意疼爱、管教、亲近你的孩子，把孩子放在第一位，辛苦的单亲父母也会熬出头的；而且，会在家里教养出好孩子。

事实上，我们这些没尝过单亲滋味的人永远不会真的了解其中的辛酸——日复一日，无一刻歇息。

单亲父母往往欠缺帮手或时间。生不出时间来，就只能动脑筋用创意挤出一些零碎的时间。

有些单亲妈妈会跟你说，如果有时间可以让自己安安静静上个厕所，就偷笑了。对许多单亲妈妈而言，每周能有让自己放松的一段时间简直是做白日梦。

单亲妈妈，我知道你觉得生活把你折磨得晕头转向，我知道你没想到丈夫会过世，或者没料到他会想离婚。

单亲爸爸，我知道你并不希望朋友跟你说，他看见你的前妻和别的男人在一起。

你的孩子也并不希望这样的剧情在自己家里上演。如今，家里每个人都得付出代价。

要问自己的并不是“我做了什么竟然要忍受这些”而是“接下来的路要怎么走”。

答案很简单：你能不能继续走下去？也许被推了一下，踉跄了几步，但你并没有迷路啊！你和孩子可以更坚强，你可以给他们必要的纪律，给他们可期待的、安全的环境，提供能让他们健康的维生素N（No，“拒绝”），以及维生素E（Encouragement，“鼓励”），并且有智慧地善用你所拥有的时间。

很不幸的是，在作出有关教养孩子的决定时，单亲父母往往容易被罪恶感驱使。他们看到别人有的自己却没有。为了孩子的正常作息却忽略了自己的健康。他们常演的戏码是“如果”：如果他没骗我，如果我没婚前怀孕，如果我面试成功得到那份工作……

孩子常会让单亲父母雪上加霜。他们会说别人有的东西他们没有，这会让单亲父母更有罪恶感。

因为罪恶感，也因为不能常在家，单亲父母很容易掉入活动的陷阱里，帮孩子安排太多活动。或者，因为工作时间很长，下班回家后就只求能小歇一会儿，就什么都不管，任由孩子自生自灭。切记，有太多不良的影响可能会残害你的孩子，千万小心。请像珍惜黄金那样珍惜你和孩子相处的时间。

♡ 所费不多的实际求生术

我在前面已经提过一个方法：轮流照顾孩子。把几个朋友或其他父母（单亲、已婚都行）组织起来，由不同的人来轮流照顾孩子。这是最实际也最有帮助的方法，既可以让父母空出一些时间来，又不必花钱。这几个小时的自由时间，不论是在早上或下午，都可以让你做完家事，泡个澡，读本书，却又不必为孩子找保姆。

还有别的办法可以帮助你空出一些时间来。你可以试着和左邻右舍保持联络——有时候，你必须跟人家说你需要什么，虽然这么做常常是挺尴尬的。你可以去找在教会、学校或儿子的童子军团里认识的某某夫妻，跟他们说（我只是举个例子）："我知道你们常去钓鱼，可不可以带我儿子一起去呢？我不太会钓鱼，连怎么钓都搞不清楚。"

如果你不是单亲父母，不妨主动提供协助。注意一下教会里、小区里的单亲父母，看看自己能不能帮得上忙。不妨找个下午照顾照顾单亲家庭的孩子，好让他的父亲或母亲喘口气。

♡ 教养儿女与再婚

如果你是单亲父母，可能会忍不住想要再婚，因为你需要配偶而孩子需要双亲。但是，请别落入这个陷阱。许多单亲父母之所以再婚是出于需要而不是出于爱，结果就从前一个很糟的婚姻掉入另一个很糟的婚姻。

我的建议是先把孩子养大，然后，如果有可能结婚，你必须要有充分把握是出于正当理由而结婚。如果你的首度婚姻之所以结束是因为离异而不是因为配偶过世，你可能会为了第一次婚姻而懊悔，因为你亲自做了很糟糕的示范。但你最不需要的就是急着投入可能也会以悲剧收场的另一场婚姻。

我并不是要定下铁律："在最小的孩子长大离家以前绝不再婚。"我只是要你三思。

如果你选择去约会，在你们的关系稳定（不是凭感觉，而是真有戒指、婚期）以前，先别让孩子接触这个约会的对象。也许你会很想让孩子参与某些场合，想"看看自己的约会对象与孩子是如何互动的"，但是，请务必忍耐。

请注意，你的孩子并不是实验室的白老鼠。我看到太多孩子在父亲或母亲约会时像弹力球一样被弹来弹去。切记：一段维持十八个月的感情结束，然后，另起一段维持六个月的感情，又一段维持一年的感情，再一段维持九个月的感情，接着一段维持两年的感情，这些在大人看来也许算得上"稳定"，但在孩子看来就好像一直在换爸爸或妈妈。

♡ 你的正面影响

也许你之所以提出离婚是因为前夫（或前妻）对孩子有负面的影响。也许你觉得孩子既然经历了这样的伤害，就不可能在家里好好长大。但是，请听我一言：时候到了，你的孩子会看出你家和你前夫或前妻的家是不同的家。

孩子到爸爸家度周末，回到家时，也许你很想讲前夫的坏话，很想讲他每个月换女朋友，很想叫孩子去当间谍（"看看你爸在干吗？看看她在不在？"）。但这么做，你就是自找麻烦，这会破坏你和孩子的关系。

别利用孩子帮你跑腿。你的前夫可能真的不是好人，你的女儿可能也有同感，但这位感情丰富的十四岁少女可能会开始为父亲说话，把他想象成理想的好爸爸，也希望他有所改变。但如果你开始破坏父亲在女儿心中的形象，她可能会为了她幻想出来的爸爸而和你作对。

大多数孩子早晚会知道谁参与他们的人生，谁出现在学校的球场，谁花时间聆听与谈话。多年之后，你的儿女大致上都看得出你怎么过你的人生，而你的前夫如何过他的人生。

就算你觉得自己没办法满足儿女所需，只要孩子拥有你的爱与肯定（如果他知道你无论如何都很在乎他），就拥有了最重要的成长元素，孩子的自我形象也就这么建立起来了。双亲不能同在一个屋檐下这一事实也许会让孩子倒退一步，你和孩子却还是可以一起向前迈进。

在单亲家庭长大的孩子，有的甚至成为美国总统、名作家、大企业家呢！重要的是，有许多这样的孩子后来成了很会教养儿女的好父亲、好母亲，因为他们知道怎样把家人凝聚在一起。你一定可以做到！

♡ 给单亲父母的生活八招

我总是鼓励单亲父母一次做好一件事，不用操之过急。许多双亲家庭有比较多的自由时间、比较丰厚的收入，却没能好好在家教育孩子。你想要好好教养孩子是很不容易的，却是可能的，也是值得的。

以下是一些实际的建议。请记得，你需要别人帮忙。

（1）和孩子一起来克服困难。单亲家庭的孩子很快就学会帮忙，他们八九岁时，就懂得在放学回家后把冰箱里的食物拿出来备餐。“你和我一起来克服困难”的心态会让单亲父母与孩子之间培养出亲密的感情，也会让这一家人坚忍不屈、负责任。

（2）持续管教。因为单亲父母的压力超大、超疲倦，在回应某些处境时，你会很想根据疲倦的程度来响应。比方说，有时孩子顶嘴，你好像没听到；两天后他又顶嘴了，你可能才有力气骂他。

连休息的时间都没有是很累人的，这我知道，但若希望孩子情绪稳定、心智好好发展，那么，父母就必须持续管教。你可以找个心平气和的时候坐下来，想清楚你的期待是什么，让孩子知道你的期待，然后贯彻到底。也就是说，别在小事上抓狂（比方说，孩子的手肘放在桌上、大声打嗝），而要把注意力放在真正重要的事情上。

（3）不要向罪恶感投降。罪恶感会像水泥，把你牢牢地困在过去。生命无法倒带重来，我们只有把注意力放在现在与未来。

也许因为你过去的决定让孩子陷入这不够理想的处境，但并不表示他们就该拥有你从未拥有的玩具，也不表示他们可以不做家事或穿着随便。过去的已经过去了，尽你的全力来面对当下吧！

（4）开始跟你爱的人说：帮帮我。你的父母、兄弟姊妹、好友都可能是好帮手。没有哪个孩子该被孤零零地养大。你也许没丈夫（或没妻子）来帮你，却可以找到父母、兄弟姊妹、好友来帮你。但要小心不要过犹不及，别把照顾孩子、管教孩子的责任全部交由别人代理，否则你就没有足够的机会在孩子身上留下美好、难忘的回忆了（事实上，为孩子留下美好、难忘的回忆也是养育孩子的核心理念）。

（5）适当地储粮。找一群人（朋友、家人、邻居太太），甚至你自己动手，备妥三十天的存粮，放进冷冻库里。一起共进晚餐是凝聚家人的好办法，上面这招可以让你们从容不迫地享受晚餐时间。

如果是一群人准备食物，可以各自带好吃又不贵的食谱来，外加必备的食材，每道菜都做足分量，然后各自带回家。也可以各自在家里备妥足量的食物，然后集合、交换、带回家冷冻。如果你的孩子够大了，可以让他们帮忙。比方说，你可以把每个月的第一个礼拜六定为“全家一起做饭日”。

（6）善用免费资源。有许多活动是免费的，可以亲子同乐。试试图书馆或书店的讲故事时间（孩子听故事时，你可以带自己的书去看，也可以独自享受片刻安宁），去公园走走，去听听户外音乐会等等。

（7）说出自己希望收到的实用礼物。如果有人问你生日或圣诞节想要什么礼物，就据实以告：“我希望你能送我三个小时的女佣服务，这样就有人帮我打扫房子了。”或者：“如果能送我们某餐厅的礼券，那就太好了。”这些礼物会让你跟孩子能多些家庭时间，又能少做点家事。

（8）让祖父母当祖父母。有时候，单亲父母会忽略了教养儿女的原则，让祖父母参与太多。你可能实在太累了，想到自己的父母可以接手，让你好好休息一下，觉得那该多好啊！你很想说：“接球！把这局打完。”

然而，你会很容易落入圈套：让好心的父母来越俎代庖，一不小心，教养孩子的界限就会永远转移过去，所以一定要拿捏好分寸。

举个例子。某位单亲妈妈搬回父母家，心想等她生活稳定了就搬出来，结果一住就是六年，最大的孩子都十一岁了。外公外婆在圣诞节给大家意外的惊喜是：让全家去迪斯尼乐园玩！外公外婆可能觉得这是皆大欢喜，但是，若是让女儿自己带着孩子去迪斯尼玩，那不是更好吗？

为什么？因为这位单亲妈妈变回父母的小女儿了，或者说，对她自己的孩子而言，她变成了大姐。也许她实在太想逃避单亲妈妈的压力，结果把母职都放弃了。父母提供的“协助”实在很容易让人上瘾。但这么一来，你就不那么容易在儿女生命中留下难忘的回忆了。

♡ 全垒打

如果你是单亲父母，可以想象，你不会是个闲着没事干的人，也不会边吃零食边看白天的脱口秀。但如果你善用你拥有的有限时间，还是可以教得出好儿女。

也许一两次挥棒落空，但这并不表示下一球打不到、打不远。靠着老天的庇佑，以及你的全身心投入，你可以办得到。

爸妈**经验**齐分享

- 单亲父母教养儿女可能是全世界最艰难的任务。但与其自问："我做了什么竟然要忍受这些？"不如问："接下来的路要怎么走？"
- 单亲父母需要父母、朋友、亲戚等人脉。与其找保姆，不如找人帮你做基本的家事，这样才会有时间和孩子相处，才能坚持在家教养儿女的理念。
- 再婚？最好等到孩子都离家。如果你实在太想约会，请不要让孩子涉入你的约会。如果让孩子和另一位也许六个月后就会说再见的男人（或女人）建立交情，这对孩子会造成伤害，也实在不妥。
- 你对孩子的正面影响可以胜过那位不在身边的配偶对孩子的负面影响。孩子也许现在看不出来，但早晚会看出来的。
- 单亲父母的实战守则包括持续管教，别让罪恶感主宰你的人生，开口向人求助。
- 要小心，别把教养儿女的天职拱手让给你的父母亲。就算你现在和将来都需要帮助，你在教养孩子这件事上仍然应该是主导者。

3 单元

让孩子爱上你的家

HAPPINESS

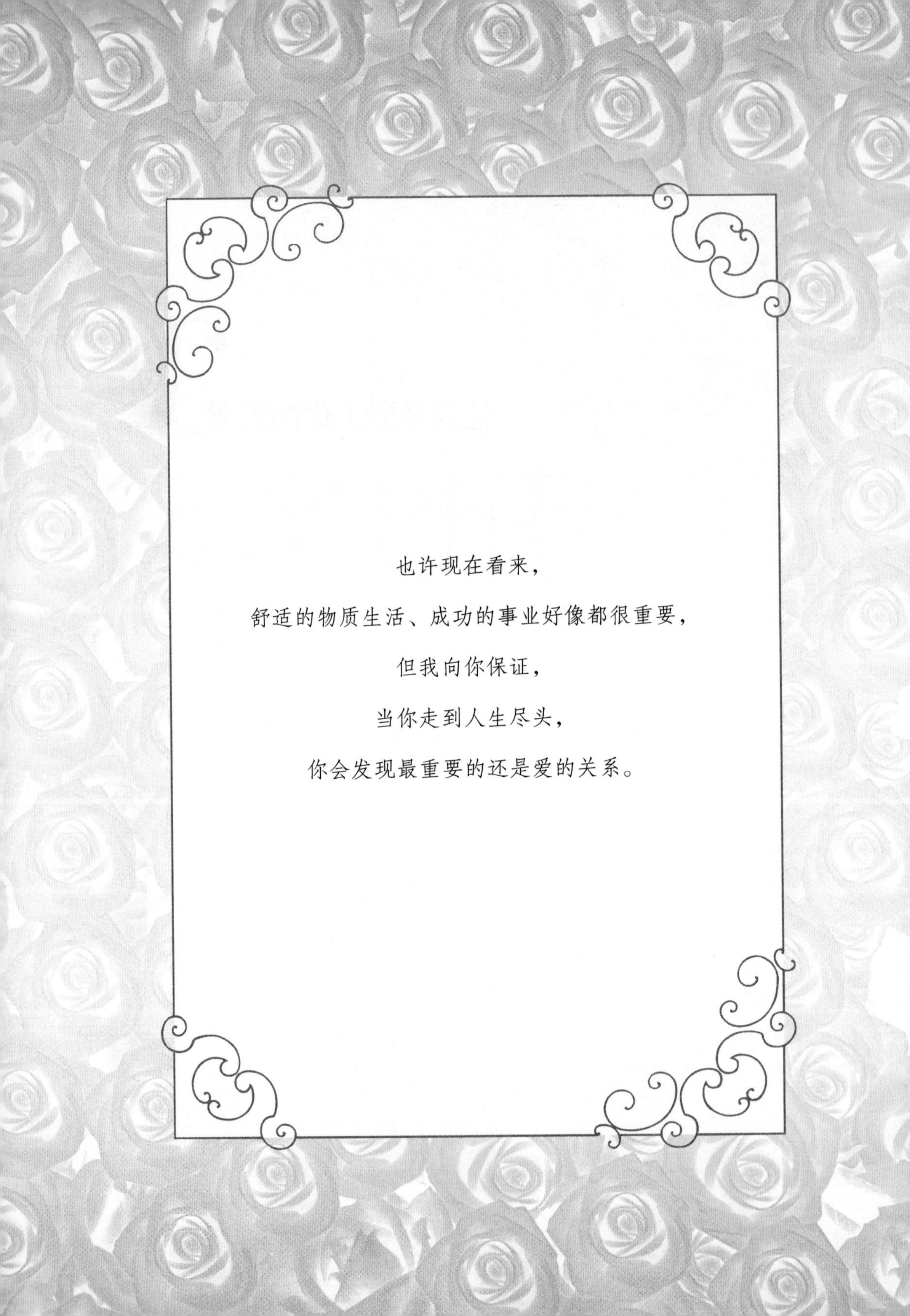

也许现在看来，

舒适的物质生活、成功的事业好像都很重要，

但我向你保证，

当你走到人生尽头，

你会发现最重要的还是爱的关系。

让孩子顺利度过“教养过渡期”

小时候在艾里科溪钓鱼的日子让我知道，鱼儿一旦上了钩，有时候会跳出水面，用力挣扎，只想甩掉嘴里的鱼饵。鱼儿会用尽力气想要改变处境。若你决定在家教养孩子，孩子也会这么挣扎。

你在家里进行改革时，通常都可能会在孩子变好之前先恶化（恶化情况视孩子的年龄而定），我称之为鱼跃症状（Fish-Out-of-Water Syndrome），因为孩子的行为会像这些鱼，只想弓起背来奋力跳出水面。

小心翼翼地帮助孩子度过“教养的过渡期”，可以减轻一些亲子关系上的冲击。以下我提供五个秘诀。

♡ 秘诀一：父母别希望一夕成功

我怕有人拿着这本书说：“哎呀，志明，我们没赶上这班车！让我们马上开始吧！”“全体到客厅集合，没错，就是现在。听清楚啦！听清楚啦！谁敢走就是抗命，谁都不许走。这星期每晚都有家庭时间，连续三小时，会很有趣的，懂吗？”

如果你想在家竞选总统，就自求多福吧！因为你的民意调查才刚跌到谷底。想要好好在家教育儿女，这很好，但最好如履薄冰，缓慢而细心地调整。别企图在一夜之间把整个家翻转过来。

比方说，调整孩子花在课外活动的时间。由于我之前当过学务长，所以总是习惯以学期为单位来做家庭聚会的计划，事先想好每学期要为孩子安排什么活动。如果你希望有所改变，可以在期末开个家庭会议，想想下学期全家人要做什么。

家庭会议的开场白不妨这么说："很疯狂，对不对？过去这两个月，老爸老妈算一算，全家聚在这里吃晚餐的次数才刚好四次。我们都不希望这样下去，其实，也真的不会再这样下去了。大家一起来努力吧！"

如果孩子还小、还不是青少年，增加家庭聚会的次数可能不会有什么问题；但如果他们年纪稍长，可能他们就会挣扎了。如果你决定舍弃工作，告诉十五岁的儿子你会待在家里，希望他也能多待在家里，别开玩笑了，面对这突如其来的转变，他并不会来个后滚翻以示庆祝。这个大男孩还在学习拿捏和母亲的距离，他必须在心态上有很大的调整。但你会逐渐再次进入他的世界。

如果孩子本来每学期有四个活动，现在因为家庭聚会而被缩减成一个，而你的孩子又被迫接受这样的改变，他们会大叫："不公平！"

"没错，"你可以跟他们说，"的确不公平。这对爸妈也很不公平，老爸整天办公，我整天在家，我们每个月却有八个活动。所以，我们不想再这样继续下去，我们决定要改变。你也要做点调整，想想下学期要做什么。不必今晚就决定，但我们会希望两个星期内知道答案，这样我们才能做家庭聚会的计划。"

他们可能叫苦连天。

“孩子啊，”你可以这么说，“等将来你长大一点，想参加的活动会比现在多，那时你可以去参加！但现在呢，活动多会给我们家带来太多压力。我们想存点钱，省点力气，活得更开心点。”

谁知道你这样说时孩子会有什么反应，说不定你们就这么聊起来了。

开始改变后，你要表现得像个成人，也就是说，你必须客观、有智慧、头脑清醒——事实上，孩子以为的威胁其实是祝福。

♡ 秘诀二：确定“人人为我，我为人人”

每次有农民来听我演讲，我总是很高兴。

我会跟他们说：“你可以回家了。说到在家教养孩子，我没什么可以教你的。你需要知道的几乎全都在农场学到了。”

在家里教养孩子就像在农场一样，每个人都有他的工作，每个人也都投入其中。不论你住在曼哈顿市区还是中西部麦田里都一样。全体动员会化为你送孩子的一大礼物：归属感。如果家里的成员缺少这种归属感，你就很难在家教养孩子。

不幸的是，在我们的社会，有太多家庭以为父母的存在只是为了儿女。如果孩子的价值取决于他在家以外的表现，相形之下，孩子在家里的归属感就不会那么强烈。

如果你看待八岁的孩子如同看待未来的奥运选手或国家歌剧院里的明日之星，你会为他做家事、打扫房间、洗衣服，让他好好发展“天分”。你以为这是为他好，其实，你是剥夺了他最大的一样好处：成为家里重要的一分子。到了他离家时，这颗明星可能会从天上坠落到凡尘。

如果真的要让全家人都获得家庭的好处，全家人都必须要舍己、有所牺牲，全家人团结一起所发挥的力量一定会大于个别发挥的力量的总和。家里的每个人都很重要：在家里，不论是资优生还是成绩是吊车尾、被人取笑的，都一样有价值、一样值得被爱。不论是运动健将还是怯生生、蹒跚学步的小幺儿，都一样宝贝。

在这种家庭长大的孩子会知道就算他被球队淘汰、被公司炒鱿鱼、被社团踢出来，他永远都是家里的一分子。家里的餐桌上总是会为他留一个位子，也总有一张床是留给他睡的。更要紧的是，他会知道总有一群人支持他、爱他、鼓励他。

身为六十岁、最小的女儿也已经十二岁的我会对这样的美好家庭充满感恩，因为这不是从理所当然就会拥有的。想到以下的画面会让我打从心底感到欢喜：我在养老院，走路要靠助行器，内衣可能会前后穿反或是里外弄反，但荷莉、克莉丝、凯文会帮忙照顾他们的两个小妹妹。婚姻也许会让女儿们冠上夫姓，但她们永远都是李曼家的人，李曼家也永远都会彼此照应。

永远。

问题是，该怎么凝聚家人，让全家都有归属感？只要生活在一起，就会像一家人！答案就这么简单！如果山姆打棒球，苏西跳芭蕾，沙伦踢足球，史迪入童子军，你只是提供了一个挂衣服的公共空间。孩子今天在家明早全又各走各的，就不可能凝聚归属感。

该不该给孩子额外的零用钱奖励他们做家事呢？不该。因为老爸洗盘子不会有人给他钱，老妈记账、让全家收支平衡也不会有人因此给她红利。孩子当然也不该从中得利。

幸好，责任感本身就是奖励。如果十二岁大的女儿放学回家后，记得她的任务是把做晚餐的材料从冰箱里拿出来，那个晚上就不会有一群饥肠辘辘的人摆脸色给她看。

世界名著《三剑客》里提到的“人人为我，我为人人”真是一点也没错！孩子就是这样被训练成不自私的人的。

♡ 秘诀三：别再掉进活动的陷阱

只要你决定爬出活动陷阱，就要一直小心翼翼、远离陷阱、不断调整。如果你开始去实践本书的原则，也许会发现让全家常在一起把生活弄得简单些不会太困难。

要小心，生活上的转换从来都不是容易的事。忙碌就像咖啡因和糖，很容易叫人上瘾。青少年尤其容易沉溺其中（就算已经忙得晕头转向，通常还挺自在的），尤其不容易减少活动。你会发现要自己远离陷阱也颇难，因为你怕孩子的潜能无法完全发挥。事实上，把他们从外面世界那些没完没了的活动里拉回家才能让他们发挥潜力。

我知道这听起来怪怪的。当你开始把他们拉出陷阱，别的父母可能会说你不给孩子机会：“你说不让莎拉去外地参加篮球赛，这是什么意思？我跟你讲，这孩子是天生好手！如果只在这里称霸，她永远都申请不到大学奖学金。她需要旗鼓相当的对手！”

如果孩子参加太多活动，就无法发挥任何潜力，就不会有任何归属感（对自己的家）。她最重要的价值感是来自她是谁（是被宠爱的女儿、姐姐、妹妹），而不是自己做什么（进球、演奏、高分）。

何况，让孩子可以选择的活动愈多，真的愈能帮孩子抓住重点吗？每学期只限参加一项活动，孩子就必须有所割舍。这会让孩子集中火力，会鼓励他们更实际、专一、热情，而不是三心二意，变得全世界的活动都想去试试。

如果父母想鼓励孩子参加所有活动，以便挤进名校，请务必三思。在入学甄选委员们眼中，课外活动非属必要："在2000年由全国大学入学委员会主持的招生趋势调查报告中，在一长串的录取条件里，'打工和课外活动'位居第十一名，其重要性远不及成绩、入学考或全班成绩的排名。"[55]

提倡课外活动的人也许会提及团队合作或责任感，这些的确是很好的理由，但你知道吗？这些美德全都可以在家里养成。

如果你发现自己又掉回活动陷阱，请扪心自问，究竟自己的动机是什么？是因为你家有"明日之星"？这孩子是否左右了全家的行程？如果你家有个天才儿童，的确很容易掉入活动陷阱里，但全家把这么大量的时间与精力投注在某一位孩子身上，对其他孩子是很不公平的。

"明星"会造成光害，会盖过其余微弱的光芒。如果你希望孩子在家里长大，就别让某个孩子的天赋阻碍了其他孩子的发展。

另外，你掉回活动陷阱可能是因为想要赢得他人的称赞。玛吉（Marge）就是个例子。

邻居注意到玛吉为孩子所做的付出，对她说："你让四个孩子全都在家自学。此外，你还带他们去游泳、跳芭蕾、弹钢琴、踢足球！"

玛吉回答："还好啦！毕竟孩子最重要呀！"

"但你整天接接送送，从这头到城里最远的那一头。"

"嗯，这部休旅车的确跑了不少路，孩子们也的确让我挺忙的，但我还忙得过来。"

"玛吉，"邻居语带钦佩，"你是怎么办到的？"

玛吉活像个殉道者，不断以此自我要求。然而，妈妈像女超人并不能对这个家庭有任何帮助。

老实说，别人注意到我们的付出，有时会让我们大感安慰。但若牺牲孩子的前途只是为了满足自己的虚荣心，这代价就未免太大了！

下次如果再有机会来敲门（肯定会有），只有一个办法可以让你不再掉进陷阱。

学着说："不——"

一点也不难，说说看："不。"

对不起，太温柔了点，这次要很笃定："不！"

对，就是这样。这个字带着令人惊讶的能力，能关上所有你被期待去参与、去带领、去付出的"门"。

决心在家里教养儿女不是一辈子只用下一次的决心，而是每天都要下定决心对抗潮流，每天都选择家庭至上，力求生活简单。总有人想拉你加入他们的活动，虽然这个也值得考虑，那个也值得考虑，但事实却是：我们没办法来者不拒。

说"不"是要练习的。别人有所要求时，不妨说："我会想想，让我先和太太（或先生）商量"，或"让我看看我的行程，然后再回你话"。这么一来，就争取到一段时间和一段客观的距离，你就可以和妻子（或丈夫）好好商量，看看你们能不能在未来几个月投入其中。

如果你的答案是“不”，可以这样回答对方：“真不巧，这个计划看来不小，我希望帮得上忙，但我已经先答应了其他的事情。”这段话越短越好。要温和却又坚定，要确信自己正为全家做出明智的决定。否则，这位一心想找义工的人会看出你的犹豫，会努力说服你。

说“不”对你的家是非常健康的。因此，我称之为维生素N。

♡ 秘诀四：维生素N

有时候，你的孩子也需要维生素N。给孩子维生素N很难，尤其是当他们提出你没听过的点子时。但如果你想要专心教养孩子，就必须作出违反潮流的决定，免得和一些家长一样任凭别人为自己的孩子做决定。

比方说，你的孩子要去参加初中一年级的晚会，有家长建议租一辆加长型礼车，这是好主意吗？我倒觉得很荒唐，不管是谁问我，我都会说这主意太荒唐。如果你真碰到这种家长，可别跟着一起荒唐。

再讲一个例子。你会不会说：“哦，我那小学五年级的儿子要去看那部电影啊，我想没问题吧！大家都看了吗？”看电影不像吃自助餐，要什么就去拿什么会对孩子很不健康。有些电影很血腥，有些电影推崇的想法也许是你不以为然的。我可不想付八美元，让人花一小时四十五分钟把垃圾塞进孩子的脑子里，这些垃圾我帮他们清除都来不及了，怎么能塞进孩子的脑袋里呢？

尽早划出维生素N的界限，然后去执行吧！因为愈早这么做，孩子进入青春期时就愈能为自己负责。要记得，你是父母，他是孩子。

我想起周末讲习班上，偶尔会有父母来找我，向我抱怨孩子吃了太多垃圾食品。

“女士，请问他吃的是哪种垃圾食品？”我问。

“冰激凌。他总是把头埋在冰激凌里，好像在冰激凌里呼吸。”

“他哪来的冰激凌？”

“我在超市买的。”

“你是说，那么多你不希望儿子去吃的冰激凌都是你买的？”

“嗯……对啊。”

亲爱的家长们，你必须划清界限。不要让任何像垃圾食品一样好吃的东西或消遣残害你的孩子。以电影为例，如果哪部电影可能有问题，珊蒂或我就会陪孩子看，否则就不准看。既然要为孩子负责，就要陪着他们，如果电影中有违反我们家的价值观的内容，就要加以纠正。你可以上“美国爱家”（Focus on the Family）网站（www.pluggedinonline.com），你可以在那儿找到一些资料作为你分辨电影的语言，以及评估电影是否具有不当的性与暴力内容的判断依据。

“你是李曼家的人，”我跟孩子们说，“我们和别人不一样。”有些事情，我不会让他们做，他们都知道，因此他们绝不会说：“但是，爸爸，大家都这样做啊！”

必要时说不，有时候会让他们不开心，却是有益健康的。

当然，这并不表示你总是要对孩子摇头。举个例子，如果年龄大一点的孩子（比方说十四岁）拒绝全家一起行动，你可以把他留在家里，跟他说句“我们会想念你的”然后才出门。并不是所有人都会喜欢所有的家庭活动，有时候要用点常识来判断，给孩子一些空间。

有时候，你却必须为全家作出可行的决定。要温和而迅速，甚至坚定。要能听出反对意见（因为爱是不强求），又要拿定主意。

比方说，你跟十四岁的孩子说全家要去马阿姨家过感恩节时，他也许会说：“但我好讨厌去马阿姨家！”

你回答他：“宝贝儿子，也许你是很讨厌，这我了解，但马阿姨邀请的是我们全家，我们就要全家出动。”

“可是，爸爸，我会整天都很难受。”

“我知道你会很难受，我也知道很难受的滋味。不过，去马阿姨家对你也不无好处，因为，这会让你很高兴第二天就可以离开那儿了。”

有时候，你很想调整他们的想法，让他们朝正面去思考。我的医生就是这样对我的。我很讨厌照大肠镜，他就假装在玩电动，借此来转移我的注意力。

他会说：“好啦，我们一直往前走……哦，这个左转难度颇高”，边说边发出轮胎擦地的声音。这会让检查过程轻松些，虽然我还是很讨厌。

如果去马阿姨家真的让孩子很讨厌，你就得承认人生有些事情我们真的很难乐在其中。他的“讨厌”与你的同情都改变不了这个事实：你们必须全家出动。你也许可以跟儿子说：“我们不会对你要求太多，但这趟你非去不可。我知道一点都不好玩，可是又不能讨价还价。”

让孩子为所欲为也许会让他们当下快乐。但有时候要借着说不，来培养出健康、有教养的孩子，好让孩子更认同你们家的价值观。

♡ 秘诀五：不断调整界限

孩子学步时，你牵着他们的手，让他们练习把一只脚放在另一只脚前面。等他们抓到平衡点就可以自己走了。接着，你又牵着他们的手，教他们过马路。终于，他们会自己看左看右，自己判断什么是安全的。

换句话说，你是先抓紧，然后才放手。

日复一日、年复一年，你的陪伴让孩子很放心，他们靠着你那毫不迟疑的鼓励，慢慢走进这个世界，也留下了健康的成长轨迹。当你把焦点调整到在家教养孩子时，你的角色并不会改变，那就是一直陪伴着孩子，直到他上了路。

孩子年幼没经验时，你不会让他为所欲为。孩子稍长，开始探索他自己的定位，你会放开双手，好让他自己看准方向，试着迈出最初的几步。有时候他会跌倒，你就再抓紧他。

在学步阶段，父母无法让孩子免于跌跌撞撞、淤青红紫，孩子必须要从成功中学习，也要从挫败中学习。有朝一日孩子离家，你会希望他们能自给自足，有足够的谋生技能，在家里曾经得到怎样的爱，就怎样去爱别人。

但是，你怎么知道有没有把孩子抓得太紧？许多家长从小生长在家庭功能不健全的家庭，他们不知道怎么当健康的父母，因此自己当父母时会矫枉过正。这就是为什么会有一些父母对儿女过度保护，甚至让孩子感到快窒息了的原因。不论是过度保护还是过度放手都无法教出自给自足、能进入现实状况的孩子，而只能教出自私自利的小婴儿。

对大多数父母而言，“紧紧抓住孩子”比较容易，“放手”比较难。尤其是第一次为人父母时，因为自己是新手，小宝宝看来又是如此脆弱，就很容易把第一个小宝贝抓得紧紧的。等到你发现不小心吞下泥巴并不会要他的命，他又可以像皮球一样有弹性，活泼乱跳，会自己痊愈，你就可以开始松手了。

如果你还不确定，自己是否把孩子抓得太紧，不妨问自己：

（1）我和孩子的相处是满足谁的需要？如果动机是为了满足我的需要，我该怎么改变呢？

（2）我花钱让孩子去参加活动，是不是为了让他得到我未曾得到的？

（3）我为孩子制定这些行程会不会让我们过得更简朴，更平衡，更有纪律，更以家庭为中心？

♡ 教养充满艰难，却相当有价值

好好教养孩子是值得的。父母想要远离活动的陷阱不是一件容易的事，过程中可能是困难重重的。不过，愈早定出简单、以家为中心的规则，就愈容易达成目标。

不论孩子是十五个月大还是十五岁，你都务必开始作出以家为中心的改变。现今就是全身心致力于经营一个好处多多的家庭的最佳时机。

- 你在家里进行重大改革时，通常可能会在孩子变好之前变得更糟（糟糕情况视孩子的年龄而定），然后才渐入佳境。别着急，慢慢来，给自己和孩子一些时间。
- 家里的每个人都很重要。全家人团结一起所发挥的力量一定会大于个别人发挥的力量的总和。
- 由父母“在家教养”的孩子会通过参与家事或家庭活动培养出责任感，会开始知道自己是这个家的一分子，会感受到归属感（这很重要）。
- 别为了家里某一位孩子又掉进活动陷阱（如果孩子特别有天分，父母会特别容易掉进陷阱，想办法为那个孩子安排许多活动）。
- 父母要避免因为自己的自私或“我是好父母，因为我为孩子牺牲很多”的迷思，而掉入为孩子安排许多活动的陷阱里。
- 决心在家里教养儿女不是一次性的决定，而是每天都要下定决心对抗潮流，每天都要选择家庭至上，力求生活简单。
- 在家教养的孩子未必总是开开心心的。但为他们设定清楚的界限，同时又慷慨地提供他们所需，他们会变得比较健康。
- 父母如果能够始终陪伴在旁，肯定孩子，为孩子打气，他们会变得更健康。你可以先紧紧地看住孩子，再学习放手。

14 让孩子有“关机”的安静时间

“爸爸！”

“怎么啦，宝贝？”

“我好无聊哦。”

“无聊吗？”

“对啊。”

“真的、真的很无聊吗？”

“对啊。我是真的、真的、真的很无聊。”

“哦，那看你决定要做什么，好让自己不那么无聊，这会很有意思的。”

女儿看着我的样子好像我刚长出另外三个鼻子、两只耳朵。她无言以对，所以我就解释了一下。

“宝贝女儿，我不是你的活动组长。你有好多游戏可以玩，也可以去跟狗狗玩，还可以跟姐姐聊天——我好想看看你决定要做哪样，光看就够我开心了。”

逃离活动陷阱后，会有不少“空闲时间”。对忙碌的父母而言，空闲时间显得珍贵无比，但孩子却觉得闲着没事是种折磨。下次当孩子不知道要做什么的时候，可要小心处理。

逃离活动陷阱后，父母面对的最主要的一个挑战就是用家里的活动来取代外面的活动。一旦你离开陷阱回到家庭作息，就得面对这个问题：你会不会让时间留白，不做任何安排，好让家人自由互动，或者你还是想把作息安排得满满的？

我有些实际建议，可供你参考如何安排在家的空闲时间，这也是我们要在本章讨论的。但我们要先谈谈，若你希望孩子能享受家庭的好处，这些时段做什么最好呢？答案是：什么也不做。

♡ 给他们一些喘息的空间

生命并不意味着要一件事紧接着另一件事。如果你希望孩子享受到家的好处，就必须留出一些放松的时间，免得全家紧绷。

“密歇根大学做过一项关于空闲时间的量化研究。过去二十年，美国孩子每周大约少了四小时的空闲时间。”[56] 打开你家的作息表，留些空白时间，让孩子空下来——他们需要这些时间来形成自我认识与身份认同。

空闲时间并不是“自由”时间。当有人来电话要你当义工而你在那些时段也没安排活动时，这并不表示你若拒绝就该良心不安。你的家人需要空闲的时间，你应该保护这些时段，就像保护那些安排了活动的时段一般。

没错，即使你没有任何安排或计划（若真要说有什么计划，可能就是走出自己的房间，看看家人在干什么），家里也总是有做不完的事：陪孩子做功课，到商店里买文具，跟孩子谈谈为什么某些电视节目并不健康。

♡ 何时放松?

孩子需要空闲时间——其实我们全都需要。以学步儿为例，他们需要午休，可是又不想睡着。麦克是个十一个月大的婴儿，他的母亲这样说道："看到麦克吮吸手指我就知道他需要休息了，他倒也不一定是想睡觉，只是想到小床上躺躺，放松一下。"[57]

你怎么知道孩子需要更多空闲的时间呢？只要看看他们有没有显出累坏的迹象就行。如果开车带她兜风，她是不是不到一公里就睡着了？在饭桌上，他是不是一头栽进盘中的土豆泥？

当然，疲倦是成长的一部分。孩子在身体发育时，适应学校或其他方面的转变时会特别容易累。但是，你那功课向来不错的孩子成绩是否开始下滑？她是不是看起来懒洋洋，或者话比以前少？他有没有说"我不想做了"这类的话？如果你听到或看到这类征兆，就要花时间评估孩子是否太累了。

检视一下孩子的作息表。是不是毫无空当？情况不应该如此的。比方说，有人建议整年都上学，但我很传统，觉得孩子需要放个暑假。小时候，我每年暑假都和朋友们造条小船，放到我们家附近的溪里去；而毫无例外，每个暑假，小船都沉了下去。我们当中没有一个人成为工程师，但是对我们来说，去"尝试"是很重要的。我们发明游戏，自己办球赛，在小区发起一些活动。我们因此学会了自发地去做一些事情，这价值可是无法用金钱估算的呢！

现在孩子的生活作息时间都被安排得好好的，只需照表行事，很少有哪个下午或晚上是空闲的。许多孩子也就因此没机会到外面去造小船，去用松叶、蒲公英、泥巴做个"派饼"。这真是悲哀。要想让孩子过上这种生活，就必须在行程表里留下空白。

当你把空闲时间排进作息表后，最初几天，孩子可能会哀求、会抱怨、会找借口，但若你控管电玩、计算机和电视的话，他们早晚会重新发现：身为一个整天没事做的小孩是多么棒的一件事。我不认为这一代的孩子同以前有什么不同，是父母们以及父母们的不良优先次序把孩子变成这样子的。

♡ 你可以比电玩更有趣

“但是，空闲时间会不会让孩子变得浑浑噩噩？”你也许想问：“孩子难道不需要从各种活动、球赛、CD、电视中得到启发，好让他们成长吗？”我的答案可能会让你吓一跳。

有位母亲深深地记得，有好几次休息她被吵醒，因为一岁六个月大的儿子坐在她身上，把她的身体当成高速公路，而他的那些车子在这条公路上来回奔驰。他有一整个屋子可以玩，但是他觉得真正好玩的路就是通往母亲心脏的那条路！

许多父母买各式各样的玩具给孩子，想要启发他们成长。但请你仔细观察你的宝贝女儿，她的眼睛总是跟着你，你走到哪，她就跟到哪。孩子记得你的声音，她会转向你。“试着回想一下，小宝宝之所以认定了父母，是因为感受到父母的爱，感受到父母响应他的需求，而不是因为亲子一块儿做了什么。”丽丝·艾略特（Lise Eliot）博士这么说[58]。你，就是最能启发孩子成长的那一位。

对孩子最好的，不是益智玩具或录像带，而是在很轻松的环境里，跟他讲话，唱歌给他听，抱着他，为他读儿童布制书（cloth books），把书上五彩缤纷的气球、人、牛指给他看（这比晚餐前的小点心还有效）。

这个情境让我打心底相信，经济情况不是那么充裕的父母还是有他们的优势的。也许有些父母因为买不起计算机软件、高档玩具、汽车或有线电视就以为自己的孩子错失了什么。但所有的小宝宝都会认为，那会走、会呼吸、会逗他们的爸爸或妈妈（如果是爸爸和妈妈一起就更好了）比天底下任何玩具都更好玩。

如果把父母都从家里带走，把他们送去上班，为的只是让小男孩或小女孩多得到几个玩具，那可是最不划算的交易了。最好的刺激，就是（也一直都会是）你。

♡ “妈，要做什么啊？”

要刺激孩子成长是不是表示你每天必须花七个小时来设计活动？不是的，你不是唯一的刺激。有时候，你甚至需要让孩子从无聊中去成长。

记得我五岁时就是这样成长的。我呈大字型躺在床上，“什么也没做”。现在回想起来，当时大可去外面玩，去厨房帮母亲，去做许多别的事，但我什么也没做，只是在暑假过半的时候（兴奋于上学期的结束、期待着下学期的到来）感到有些无聊。

躺在床上，听到远远传来模糊的（声音小到几乎听不到）嗡嗡声。我一动也不动地躺着，慢慢地，声音愈来愈大，像群聚集在一起的蚊子。声音继续变大，我听出来了，是一架小小的、单引擎飞机正飞过天际。这声音掳获了我的想象力，使得这几分钟在我的记忆中像一张相片被小心翼翼地珍藏着。

在我那本《解读童年记忆的秘密》（*Unlocking the Secrets of Your Childhood Memories*）里，我写到童年的回忆是如何提供线索让我们知道自己是谁：我们的挚爱，我们的厌恶，我们的性情。当时，想必我已经想象着如果能去旅行该有多好。那架飞机引擎发出的嗡嗡声想必启动了我心里的某样东西，带我穿越那斗室的四面墙。

小时候，我们家不常出外旅行。我们每年有两次度假，一次去一整个星期，另一次去一个周末——都是去纽约州西部的某个湖（如今我们仍去那个湖度假）。然而，那道引擎声想必唤醒了什么：某种冒险精神，某种去看新地方、去见新朋友的渴望。

无聊本身没什么不好。无聊不是怪兽，不必用CD、DVD或电玩来赶它走。让你的作息表留下一点空白，无聊会像浓雾般飘过来——它很有可能会给你带来意想不到的益处。

我还记得有次和萝伦的对话，她当时六岁。

“我好无聊哦——”她把声音拉得长长的，仿佛全世界的重量都压在她肩上。

“宝贝女儿，没关系啊！”我跟她说，“你可以无聊啊！你可以整天都无聊。等到你无聊完了，欢迎再回到人生。”

无聊逼孩子与现实相遇，让孩子知道这世界不会天天都像马戏团。如今，萝伦大概是家里最独立的孩子，很会自得其乐。

父母的任务并不是去为孩子找乐子，就算是最新奇有趣的活动也无法满足孩子的胃口。但今天有许多父母因为受不了“空气里一片死寂”，就觉得需要做点什么来填补空白：做什么都好。

其实，不论大人小孩都需要这样的空白来进行重要的成长。这种沉静让我们可以触及内心的最深处：去追寻意义，去寻找身份认同，去解答尚未解决的难题——我们的挫折，我们的痛苦，我们未

来的方向。把握这样的时段，安静坐着，好好想一想，好好面对怀疑与恐惧，我们就会在情绪和心性上有所成长。

空闲时间让孩子有机会把思绪整一整，把人生理一理。他们会好好想想窗户透进来的阳光、空中漂浮的灰尘，为大自然感到惊异。也会仔细想些比较有深度的问题，比方说："我擅长的是什么呢？""长大后我会是怎样的人呢？""我到底会不会结婚啊？"

我五岁时梦想着去旅行，如今这梦想已经实现。现在我常常发现自己搭乘着飞机，或在高速公路上开着租来的车，正要参加（或刚结束）研讨会。我并不讨厌独处；相反，我超爱独处，因为它让我有机会想事情。在家里的时候，我喜欢有几天空当，可以暂时把琐事抛开，好好休息。放松的日子真是太难得了，我视之为礼物。好处多多的家庭也会很珍惜空当的。

♡ 无中生有

"当我们努力培养具有文艺复兴气质的孩子（在各领域都具有竞争力）时，我们压抑了创造力。"[59] 这是伯克利的莱特研究所（Wright Institute in Berkeley）的教授兼发展及临床心理学家何黛安博士说的。很讽刺，不是吗？那些逼孩子出人头地的父母很可能让孩子错失了一个最重要的能力的开发——创造力。

为了培养创造力，你家需要有空闲时间。你必须花时间去练习"发呆"这种精致（往往也是枯燥）的艺术。毕竟，创造力就是一种无中生有的艺术。不论是空白的纸张还是画布，空无一物（无聊的温床）乃是任何创作的起点。

孩子需要时间在无聊里探索，才能绞尽脑汁去发挥创意。看电影、玩任天堂游戏也许都会刺激想象力，却不同于通过想象力来创造。有朝一日，你的孩子会为公司草拟企划案，会为学生规划新课程，会构思电视节目（就像我儿子凯文）。让孩子努力克服无聊，去得到可以让他们兴奋不已的某些事物的确是不错的训练。

你的孩子在空闲时间会做些什么？学龄前的孩子也许会找一大堆毯子和椅子盖个隧道；青少年也许会摆摊卖柠檬红茶，在小区里办个游园会，办小区报，搭舞台为家长、友人演出。给他们一堆木材，让他们在后院盖座城堡吧。给他们食材，让他们烤巧克力饼干吧。或者，如果他够大的话，给他一台摄影机，让她出去拍她自己的电影吧。

创意也有可能会制造混乱。听说有个小男孩隔着后院大声给邻家友人提示（这人手上拿着浇花的水管）："不对，不对！你要先弄湿，然后在泥巴里打滚！"只有小孩子才会想出这种把泥巴搞到衣服上的超棒点子。

但我们小时候就是和朋友这么玩的，这就是当时的生活重心呢！我们设备不足，连棒球都是用绝缘胶带缠起来的。我们自创游戏，自组马戏团，自办田径赛，甚至在我们那条街上组织起儿童联盟和邻街的孩子来场棒球赛。虽然一整个星期我们只打了两场比赛，但那不是重点，重点是这是我们自己想出来的。

孩子不见得需要有模有样的活动。他们需要轻松时段（也就是空闲时段）——关上电视，和爸妈一起读本书或做点什么。

孩子需要时间来培养创意。就像达·芬奇说的："天才在工作最少时成就最多。"

达·芬奇先生，麻烦您去告诉家长们吧。

♡ 让孩子学会独立

我十岁就自营果园，种点蔬菜水果卖给街上的小贩，赚个几分钱。当时的小草莓每磅2.4分钱，而我自己种的番茄每磅只要两分钱！

我必须承认，我的农产品不全是自己种的。我在某处发现了一丛没人照顾、没人采收的红醋栗，果子每年都自生自灭，不是枯了就是被鸟吃了。身为十岁男孩，我做了个很合逻辑的买卖，把这些果子纳入我的出货单。当然啦，在醋栗市场，我的售价挺低的。

那时候，我的“创业生涯”有助于我的自给自足，也让我学到一些做生意的技巧，直到今天都还受用。每次我有书出版，我就想着如何营销，想着想着就很乐，这是整个出书过程最有趣的部分。全世界写得最好的书若无人阅读，又有什么意思呢？如果没人去告诉大家有哪些书，又怎么会有人想读呢？

当年，我的父母让我享有充分的自由，住在城里或郊区的现代小孩大概很少像我那么自由。母亲很喜欢说这段往事：她那时候一早醒来（有时候天还没亮呢），发现我留了纸条，跟她说我到树林里去了。我写道：“别担心，我去溪边，会赶回来上学。”我总是附带说明：“P.S. 我穿得很暖。”

很有可能，住在远离尘嚣的乡下有助于我学习独立。这倒不是说，如果你目前住在芝加哥，最好打包一下，搬到阿肯色州的李奇市（Leech，Arkansas）。不过，你住的城市愈大，就愈有机会接触到有组织的活动；而你必须更小心地取舍，才能为孩子留出空闲时间，让他们从中学习自给自足。

我知道，许多人现在住的地方既不可能有这种宽广的自由，也不够安全。但是信任孩子，让他们有时间去探索、去玩耍，在你给的界限里去开创他们自己的疆界，这么一来，就等于是告诉孩子：“我信任你，我知道你可以应付得来。”

♡ 人人皆需关机？

“没油了？请到这里来加油！”教会公告栏有这行字。

加油？你也许会想：帮我离开赛道如何？

不幸的是，看到你过劳，有些教会团体可能不会劝阻反而还为你鼓掌。以前，星期天是全家休息的时间，开车到乡间兜兜风，全家享受大自然的美好；如今，它已然变成人生这场赛车大赛的中途维修站。对许多家庭来说，星期天成了洗衣服、洗厕所、洗车的日子。

每周休息一天是挺不错的，但要真的休息才会不错啊！试着每个星期安排一天，不上班、不做家事，完全地休息。

这么一来，你才会明白多年来许多人领悟到的：我们全都需要“关机”！

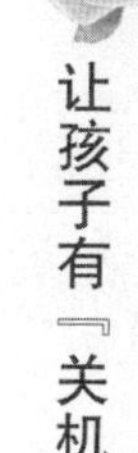

爸妈经验齐分享

- 你是最能启发孩子的那一位——这并不表示你每天得为孩子安排七个小时的活动。
- 当你逃离“活动陷阱”时，你会面对一个最大的挑战，就是用家里的活动来取代外面的活动。为家人留些时间、留些空间会让孩子有机会形成自我认识和自我身份认同。
- 为了培养创意，孩子必须花时间去练习“发呆”这种精致（往往也是枯燥）的艺术。毕竟创意是无中生有的艺术，要有“关机”时间才可能有创意。
- 人人皆需“关机”。“关机”会让我们的身心得到休息，得到沉淀。它也会让我们独立，帮助我们在情绪和心性上获得成长。试试每周有一天不上班也不做家事，完全休息。

夫妻关系愈稳定，孩子的心愈安定

“地球绕着太阳转，而不是太阳绕着地球转。”哥白尼的想法很简单，却相当具有颠覆性。

如今，有头脑的人都知道是这样的。但哥白尼的想法在当时却震撼了科学界和神学界。当时的人以为一切都环绕着地球，不论科学数据或宗教信念也似乎都支持着这个想法。长久以来，人类也理所当然地视人为万事万物的核心。

今天有许多父母有着同样错误的假想。他们认为爱孩子就要以孩子为家庭的核心。

这个想法似乎是非常高尚可贵，也挺有爱心的。但以孩子为中心（为了孩子，使夫妻关系冻结了十八年？），却会制造问题。

事实上，“以家庭为中心的孩子”（family-centered child），比“以孩子为中心的家庭”（child-centered family）所教养出的孩子，更易成为乐于付出的人。假设你们家都是基督徒，但全家的一切努力都是为了把孩子送到迪斯尼乐园去，那么，这孩子还会觉得需要上帝吗？也许，孩子会比较期望你去为他摘星，也就是说，他认为自己是最重要的，其他的事都得靠边站。如果你希望儿女先为别人设想，然后才为自己设想，那你就不能以孩子为中心。

你可以让孩子知道你为他着想，但别让孩子以为你只为他着想。

♡ “为什么我们不能去？”

我受不了提供早餐的民宿。

旅店主人可能有所不知。当我动弹不得地搭了三班飞机，看了两遍飞机上回放的CNN新闻，好不容易到了住宿的地方，终于可以有个自己的房间，我只求能舒舒服服地休息。但在这家小旅店，我不敢去坐任何家具，因为不想坐垮店主人的曾祖母留下来的古董摇椅。没有羽绒被？这还可以接受。但要我一大早和来自依何华州得梅因（Des Moines）或安克拉治的夫妇们边吃边聊？这个嘛，还是不要好了（虽然我也很喜欢接触人）。

但内人超爱古董，又超爱民宿。因此，我们决定到一个不错的民宿去庆祝结婚纪念日（这旅店真的很不错，到后来甚至连我都喜欢上了）。

在我们要外出前，汉娜和萝伦问了我们一堆问题。

“为什么我们不能去？”

我心想：嘿嘿嘿，我和你们母亲要做的那件事怎么能告诉你们！我只能回答她们：“有时候，爸妈需要独处。”

“为什么？”萝伦问。

我回答：“宝贝女儿，我知道你大概不会懂，但早在你们出生前，爸妈就已经很要好了。我们单独出去玩玩，才能一直都很要好啊！你知道啊，有时候，你也喜欢单独和我去你最爱的餐厅嘛，对不对？”

“对啊。”

“对啊，妈妈也是啊！”

小小孩很难想象在他们出生以前爸妈就已经很要好了。萝伦的世界，从克林顿上台才开始。但我不希望我的私生活跟克林顿的绯闻扯上任何关系，因此，我决定把时间用来增进我和老婆之间的感情！

我和孩子他妈定期外出约会，不光是为了我和珊蒂，也是为了汉娜和萝伦，并且是为了几个比较大的孩子，特别是为了克莉丝。克莉丝已结婚生子，还一直在观察父母如何对待彼此。

这样做会让我们的孩子知道婚姻有多重要，以及夫妻俩结婚后仍然需要常常约会，有二人独处的时间。我们夫妇俩也采取实际的行动来表明对婚姻的看重。我深爱我的孩子们，而我的妻子也向来都是（将来也一直会是）我可爱的新娘。珊蒂是那位在孩子们出生以前就已经深深吸引我的女子，等到孩子各自婚嫁后，我们也仍会相伴同行。

当然，我并不是说：“夫妻常常出去浪漫一下是很容易的！”我知道这不见得容易做到。如果你们曾在周末单独出游，也许会有这类经验。

第一天晚上，你们好像闯进遍地野花的草地，那儿的灯光很柔和。你简直不敢相信，菜单上竟然没有××儿童餐之类的字样，用餐时竟可轻声细语或侃侃而谈。等着餐点送上来竟然可以如此轻松，不必去平息休旅车后座的暴动。床上的亲热实在太美好了，不必担心孩子来敲门，也不必担心他们听到什么动静。

第二天早上，觉得自己好像重回年轻时光的你，心里却开始惦记许多事。

“十一点半了，外婆应该去托儿所接小明了。”

“对啊，不知道他今天过得好不好。”

“嗯，这星期要开始学字母T。今天早上，江太太应该会把小华的宠物毒蜘蛛带来吧！”

“字母T啊？那一直是我小时候的最爱。”你很认真地回想了起来。

第三天，你归心似箭，一心只想看到孩子。

夫妻两人独处是非常美好的，就算只是让孩子早点上床，让你们俩在没有小孩的干扰下聊聊，也是很好的。梅麦克在《比翼双飞》（*The Mystery of Marriage*）一书中形容夫妻关系就像“雄壮威武、闪亮动人的八缸大车，必须常常开上路”[60]。婚姻的确需要人们付出可观的时间与能量，但这样做却很值得。否则，你会发现两人关系破裂，在人生旅途中进退两难，而全家人都会跟着受罪。

夫妻两人持续培养感情，让感情增温，不必花大钱。在新居附近走走，聊聊你喜欢什么样的房子，不喜欢什么样的房子，一起做梦——梦想有一天，你们自己的房子会是什么样子。把尘封已久的拼字游戏拿出来玩，租一部老片来看看。这些都可以重新调整你们的生活步调。

♡ 夫妻能量

最能滋养儿女的方法之一就是滋养夫妻关系。增进夫妻关系会得到我所谓的“夫妻能量”（couple power），这是孩子生命中一股稳定的力量。如果你不及早强化或保护这股能量，孩子可能就会有苦头吃了。例如：十八年后，你可能会坐在餐馆，望着餐桌另一头，努力回想着自己的妻子（或丈夫）究竟叫什么名字。

我建议夫妻从孩子一出生就要开始养成一些习惯。在最初的那几个星期，小宝宝还在适应羊膜外的世界，这时就开始学习偶尔把孩子托给可靠的亲友，只要请别人帮忙带两三个小时就够了，好让你们俩能有一个晚上的独处。

你可能心想：李曼博士，你真是铁石心肠，这个无助的新生儿需要父母啊！

请听我说，这趟小小的夫妻出游可以完成三件事：

（1）向小宝宝发出一个温和的信息——告诉他，爸妈共处的时间很重要。这也是在跟他说：“我们非常爱你，这是事实。另外还有一个事实：你不是宇宙的中心，宇宙并不是绕着你转的。”

（2）制定强化夫妻能量的模式，这会让夫妻愈走愈近。

（3）让小宝宝感受到你们夫妻之间的爱。你们愈是相爱，孩子愈有把握这个家是稳固的。

你们第一次出门，他可能会抓狂。毕竟他周遭的声音可能听起来不太一样，让他倚靠的胸脯也不太一样，他哭着要吃奶时也可能会感到奶瓶送上来的速度比平常慢得多。

但两三个钟头后，他会发现这只是自己吓自己，根本没什么好怕的，因为你们回到家了，而且变得比以前更爱他——这会让他更有安全感。

亲密关系是无价之宝

先拿一张完美的婚纱照。加入第一份工作和第二份工作来保持你们选择的生活质量，然后，用“期待加薪、升迁”包好。

妻子呢，用“带领教会的妇女”来调味，分量随意。丈夫呢，用“担任足球教练来拌炒”，可经常出外赛球，加上每个周末固定和好友去钓鱼。加一两个孩子，每个孩子参加三四个课外活动，混合均匀。

不论哪个家庭采用这份食谱，都会制造疏离。看重孩子教养的家庭要特别留意这份食谱，因为不小心的话早晚会让家人之间的关系变得疏离。

问问照这份食谱过日子的家长，看看他们的夫妻关系如何。问他们有没有时间去约会。他们若诚实回答，答案大概会是：“没有，就算真的去约会，我也担心不知道要跟配偶讲什么。”

亲密关系乃是无价之宝，不论花多少钱都买不到，只能等人们自己努力去建立。用玫瑰来比喻，你没办法勉强花蕾绽放，因此，你也没办法强求亲密关系。亲密关系需要时间来建立，是无法速成的。一旦你把各种活动或生活质量看得比夫妻关系、亲子关系更重要，全家的关系就惨了。

因为，亲密关系是家的基础。如果婚姻触礁，儿女所倚靠的稳定感、所追求的归属感、所需要的安全感……这一切都会烟消云散。

然而，不能只靠大动作（比方说，偶尔周末出游）。你们也需要常用言语来彼此滋润。在亲密关系里，沉默不是金。许多人在家享受不到卿卿我我，就到外面去找。

如果你忙着照顾孩子，或忙着只顾自己的嗜好和娱乐，不能说你对妻子（或丈夫）残忍，但你确实是忽视了你的配偶。当你夜里躺在床上，可以问问自己：我们夫妻多久没享受鱼水之欢了？

“李曼定理”是：如果你记不得那件事是多久以前的事，那就是太久了！

能不能教出好儿女，就看你能不能用行动和言语来支持你的妻子（或丈夫）。要记得，亲密关系会让你更有力量去爱孩子。

♡ 教养的基本理念：以身作则

教养儿女的基本理念是：以身作则。

你希望女儿婚后和丈夫渐行渐远，无话可说，甚至婚姻最后以外遇收场？还是你希望他们的关系愈来愈亲密，愈来愈有意义？

我带着妻子珊蒂出外欢度周末是给女儿们上一堂人生的课：丈夫应该把妻子当宝贝，待她如情人。你猜孩子们上完课的结果会怎样？若有哪个男人看不起她们，她们第一个念头会是：喂，男人不该这样对待女人的！我记得我爸多疼我妈，那才是我要的。你滚吧！

花时间去相处。如果没时间，就想办法找时间。也就是说，你必须有所取舍。在你心里，在你的深情里，她永远是第一位的（她也把他放在生命中的第一位）。

如果把伴侣的需要摆在最后，对孩子来说是很糟糕的示范。如果你真的这么做，孩子也会真的这样去对待他们的伴侣，而他们的伴侣未必像你的伴侣那样有修养或具有耐心。身心都得到满足的伴侣，比起被忽略、身心不满足的伴侣，会有更多的奉献精神，也会更疼孩子。

我希望在我离世的那一天，每个孩子都说："我一直暗自希望老爸最疼我，但我也一直都知道，他其实最疼爱的是老妈。"

在我的词典里，就是这句话为教养儿女下了最佳定义。

爸妈经验齐分享

- “以家庭为中心的孩子”会比“以孩子为中心的家庭”所教养出的孩子更易成为乐意付出的人。
- 既是夫妻，就可大大方方地留下孩子，两人出游。不论是度个浪漫的周末，还是要孩子早点上床，让你们可以单独聊聊。孩子需要看到你们以身作则彼此相爱，而你们也需要借此充电，增加夫妻关系的能量。
- 能不能在家养出好孩子，要看夫妻俩能不能用行动和言语彼此支持。从亲密关系产生出的力量会让你们更加爱孩子。这“夫妻能量”将会为孩子的生命带来一股稳定的力量。
- 亲密关系是无价之宝，是美好家庭的基础。
- 教养儿女的基本理念是——以身作则。

让家成为快乐窝的十个点子

“今天晚上吃什么啊？”我常这样问汉娜。

这句话是亲子对话的一部分。我和珊蒂常会以这句话来跟汉娜聊聊她和朋友的周末计划。

“爸，现在才七点，我们都是九点才决定的。”有时候，他们根本没计划。

“邀你的朋友来，我们叫些比萨，你们去泡泡按摩池，怎么样？”

“不行，我们不会喜欢的。”

结果，晚上九点了，客厅里挤满一堆孩子。

我们喜欢汉娜的朋友来家里玩，他们都很棒。我很高兴他们来家里，而不是到外面去闲逛。说实话，我宁可汉娜在家，客厅被青少年挤爆（听起来像是动物园里的猴子笼），也不希望家里愈来愈静悄悄，而汉娜则和朋友到外面去玩乐。

如果你希望养育出热爱家庭的孩子，你会很快学到一个基本原则：不论是孩子自己一个人待在家里还是邀朋友来，想办法让孩子乐意花很多时间留在家里。

你要怎么做才能让家成为快乐的地方呢？这里有十个实用的点子能让你的家庭成为孩子的乐园。

♡ 点子一：在家里开派对

庆祝萝伦十一岁生日时，我们没到比萨店去，而是在家里办了个周六游泳派对。

今天，有许多父母不想在家为孩子举办派对，因为他们不想自己动手布置，也不想处理黏在地毯上的巧克力蛋糕屑。

虽然派对结束后你可能还在处理壁纸上的巧克力手印，但你也会一直记得这派对有多好玩。这好玩的时刻，连同全家相聚的记忆、人生的高低起伏、你的牺牲，以及你所分享的快乐，全都会长驻在你心里。

十年后，那家比萨店也许改成了洗车店或十元商店，但你们家依然是孩子们喜欢回来的地方。每个房间都充满了回忆，数不完的回忆。

说到成长，你希望孩子记得哪些？将来萝伦回忆她的生日时，我希望她的回忆里有这个家。

为什么这很重要？如果你希望孩子热爱家庭，你就需要培养他们的恋家本能。

家乃生命之源。我没有诗人的天分，这可能是我笔下最感性的句子了。

♡ 点子二：让家成为避风港

当我看着美国有线电视新闻网（CNN）头条新闻时，萝伦就坐在旁边。新闻讲到一位名列联邦调查局黑名单的男子。

“我们看别的好吗？”萝伦小声问，手像蝴蝶一样扇了扇。

她才十一岁，听这些的确太血腥了，我马上转台。她埋在我胸前，哭了。

“怎么啦？”我问。

“爸爸，我好怕。我怕坐飞机。”她答。

萝伦和汉娜几个星期后要飞到加州去哥哥那儿过周末。她怕路上发生意外。

身为父母，你就是孩子的安全毛毯。为了让他们有安全感，你必须花时间并尽你所能安抚他们。就算你不知道说什么好，也要尽力。

这时候，让孩子对她的世界有把握会让她安心。对一个十一岁的孩子来说，她的世界应该包括家庭、学校、几个朋友，还有宠物。

所以我一样一样来：“爸爸和妈妈都没事，你哥也没事，姐姐们都没事，我们的家也很安全。”我们说到有人会想要伤害别人，但她的家很安全。

让孩子知道爸妈的计划会让他们得到必要的安全感和稳定感。我跟萝伦说：“所以我们不会把你丢掉，让你自己一个人在土桑街上或购物中心流浪。你想，如果爸爸认为让你搭飞机不安全，还会让你去吗？”

她回答：“不会。但是，我好怕那个坏蛋海珊会到这里来伤害我们。”

她把听到的拼凑起来。她听说美国出兵攻打巴格达，听说海珊总是在快要被抓到时逃脱，听说在以色列有汽车爆炸案，这些全都进了她的小脑袋。

如果你花时间和孩子坐在一起，帮她确认她的世界是安全的，让她知道家是个安全的地方，这样的安慰会让她放心。

♡ 点子三：顺其自然

我是老幺。超爱玩！从来都不循规蹈矩。

举例说明。最近，帮我做节目的某制片人问我对这节目有什么“长远计划”。

“我没有任何长远计划。”我跟他说，“如果这节目做得下去，我们就一直做。如果做不下去，我们再来修改，或停播。”

我并不反对计划，我只是认为：有时候，顺其自然是最有效的。

你有没有办过宾客尽欢的派对？大家都好开心，于是有人提议：“嗨，下个月再办一次好不好？”于是，你就筹备，邀同一批人，结果却不怎么好玩。这些特别快乐的时光是很难复制的。就算是同一批人、同一个场地，欢乐时光也是可遇不可求的。

家庭的快乐时光也是这样。也许你计划了某次家庭同乐会，却不怎么好玩，也搞不清楚为什么。快乐的气氛会悄悄溜走，就像气球会慢慢泄气。在大多数的家庭里，快乐是自然发生的，很难规定每个星期固定哪一天是快乐时光。

如果你们把各种活动减到最少，快乐就有可能自然发生，家庭生活也变得有趣。某天某个孩子心血来潮提议说：“嘿，我们来弄点爆米花吧！”

你说："好主意！把无聊的电视关了！来个同乐会！"

然后，就有人想看看爆米花满出来会怎样，你就把锅子放到客厅正中央，先铺好一条大床单，然后掀开锅盖，看爆米花满天飞。

虽然这并非是计划中的事，但会让全家人都印象深刻，并且多年之后还能津津有味地回忆着，而且这比租张DVD碟片更便宜！

♡ 点子四：全家一起玩

孩子还小的时候，我们玩"躲猫猫"。我会把灯都关了，他们在房子里找地方躲起来。然后我在走道上，拿个手电筒往自己脸上照，故作恐怖。孩子会从他们藏身处弄出声音来，我得去找到他们。他们超爱这游戏，会兴奋得尖叫。

逃离活动陷阱的好处之一是：能把焦点放在家庭，而非个人。阿拉巴马大学人类发展学教授尼克·史汀奈特博士（Nick Stinnett）说，他"研究了二十五年，在全美追踪调查了一万四千个家庭，发现最快乐的家庭会全家打球、全家玩牌"[61]。

并不是说这些运动或游戏有什么魔力会让大家感情更好，而是全家一起玩就是不一样。

如果你带吉米去练球，他把球传给比利，练完球再和安迪去吃东西，这些都很好玩。但是，用扑克牌玩钓鱼游戏时得到的点数总比老爸多，玩大富翁时总是走到老妈的火车站，玩跳棋时努力在哥哥姐姐的包抄下杀出重围，这些是不是会让孩子有更多美好的回忆？

想要有这种成绩就不能光是把吉米送到足球场去。你必须好好安排一下在家的时间，不接电话，在桌上和孩子们好好玩一两个小时，为他们留下美好回忆。

身为家庭咨询师，我清楚如果你的孩子看到你牺牲时间陪家人会深受影响。但“接送”这件事孩子好像不太会记得，我自己也不知道为什么。你送他去足球场，也许得开个三十分钟，接他回来，又要三十分钟，一共六十分钟。孩子却不太会注意到你的不方便。但是，如果和他坐下来玩一小时，他会记得几天、几个星期，甚至一辈子。

当然，家人在一起，倒也不只是玩游戏。去露营也很棒，会很特别，并且不容易被打扰。“爸爸真的要带我们去露营！”孩子们会猜想，“妈妈呢？她讨厌露营，可是也要跟我们去呢。看妈妈早上起来没化妆的样子，一定很好玩！”

♡ 点子五：建立信仰

夏天时，我们会全家回到纽约西部——我从小长大的地方。有一年，汉娜决定到湖对岸的营地去当“洗碗工”。

日子一天天过去，因为很少见到她，我愈来愈紧张。暑假快结束了，她又要离家一周去参加青少年夏令营。她临走前打算到超市去买点东西，我赶紧抓住机会送她。

从店里出来，我把汉娜送到集合地点。离上车大概还有一个小时。我们好好聊了一下，我握住她的手，开口为她祷告，希望她在未来这个星期享受快乐时光，平安回来。

这算不算是“家庭崇拜”？

我认为是。

对我而言，家庭崇拜往往是我让家人看见我对他们的爱的时候。你的孩子看到你对他们的爱，就会被你吸引，被你的生命吸引——被你的信仰所吸引。

和孩子一起敬拜，不会是一般人心目中的敬拜：全家围坐、大声读经。但是，出于爱和体贴的举动反映了上帝的心，这就是我的家庭崇拜。不但是让孩子知道我对他们的爱，也让他们知道我对上帝的爱，毫不勉强，也不做作。

我并不是说家人不该一起读经，只是我们没选择这么做。在我心目中，更重要的是我们的生活方式会让孩子看见真实的信仰。

有趣的是，就在那个停车场，我和汉娜正在享受一段很棒的父女相处时光，就在那时，有位辅导员走过来，挥手要汉娜过去和大家一起围成圆圈来祷告。和大家围成一圈来祷告，还是和整个暑假很少见面的女儿一起离开人群，两人找个地方单独聊天，这两种方式我会选择哪一个？我会选择后者。

我的做法和我母亲不同。我很小的时候，每天早上，就在我出门上学前，母亲会双手环抱着我唱短歌。我的朋友小华和小明会瞪大眼睛看，眼珠子滴溜溜直转！这让我有点不习惯。

“引导我们今天的路，”母亲唱着，“亲爱的天父，帮我们度过今朝。”

我知道她很努力试着活出她的信仰。但如果再听到这首歌，我可能还是会有点不习惯。

当我希望孩子珍惜信仰时，我用的办法是：一有机会，就和他们谈谈，我称之为“广告时间”。

比方说，我会和萝伦在受难周一起看相关的电视节目，因为我希望她去体会复活节的意义（体会耶稣所受的痛苦以及他的复活）。“你看，很不可思议，对不对？”多玛想看看基督手上的钉痕时，我就这么对她说。

某些话题，可能不容易对孩子启齿。有一次，我在教会和成年听众以及年轻人谈到我那本书《夫妻沟通在厨房》（*Sex Begins in the Kitchen*），有位母亲来问我：“下一段是不是会很……嗯……你知道……”她脸红了，“会不会像上一段？因为我觉得对我那十岁的孩子来说，太过分了。”

我跟她说：“这我可不同意，我跟你说，你那十岁大的孩子已经开始想很多关于性的事情了。”

她不服气：“没错，但就算他想很多，也该在家里教他。”

“那，你跟儿子谈过这方面内容了吗？”我问。

“嗯，还没有。”她答，又很快补上一句，“但我们正打算跟他谈。”

其实，她已经晚了两年。

我们对孩子一般都保护得太过分了，我们喜欢用金钟罩来保护他们，免得他们走错路或拒绝我们的信仰。但这么做并不能让他们做好准备面对人生。如果你想要把你的信仰及道德观传给孩子，就要很真实地活出有道德的生活，也要很开明、很真诚地和孩子谈到你的信仰。这就是“在家教养孩子”，这是每天的操练。

♡ 点子六：在家吃饭

如果我走进家门就闻到饭菜香，这会让我精神一振。不光是因为香味开始让我分泌唾液，也因为李曼家最棒的家庭时间就是全家一起用餐的时间。

看重家庭教育，就会看重晚餐。全家可以在一起分享一天的苦与乐。

假设你们家的晚餐时间不到一小时，这样够吗？你们是不是聚在一起，却默默地吃饭？你们是不是分开用餐，就像在快餐店的“得来速”（drive-through）点餐一样？因为父亲或母亲晚下班，有33% 的家庭没办法全家一起吃晚饭，你们是这样的家庭吗[62]？还是你们家的用餐时间既轻松又能凝聚大家的情感？

晚餐时间最要紧。请看：“若全家正常用餐，孩子在学校的表现会比较好，心理调适也比较好，酗酒和吸毒的比例较低，过早拥有性经验的概率也比较小。”这是2000年针对美国十几岁孩子所做的研究报告[63]。

在许多家庭，孩子随便吃几口后就问：“我可以先离开吗？”如果大人点头，他们就会跑去做功课、上网、看电视。这样就失去许多机会了，例如跟他们说故事的机会。

我父亲常在吃饭时讲故事。十次有五次，他都是还没开口就大笑起来。我们还不知道他要讲什么，也就先跟着笑。我确定他会偶尔加油添醋，但是还真的是超级好笑。比方说，他和朋友提了一罐油到电影院去，把油倒在走道的橡皮垫上，然后大声说，希望经理在走道上跑，滑个四脚朝天！

孩子们超爱故事，尤其是小小孩。自从我们在餐桌上讲笑话（我称之为“家庭搞笑时间”）的那一天开始，我就讲些自己的故事，让孩子知道他们面对的挑战与挫折和爸爸小时候一模一样。

如果你知道孩子正在面对挑战，就讲个故事吧，不说教，只讲故事。你不想跟他们讲一堆糗事？没关系，偶尔讲一个就好。注意他们的反应："爸，你真的那样做了？真的惹麻烦了？你进不了球队？被踢出来了？"

下一次吃晚餐时，你和孩子分享的就不只是食物了。你的不完美也是可以分享的。

♡ 点子七：看重祖孙关系

某女士告诉我，她的祖母总是在"生日时寄张生日卡，圣诞节时寄张二十元美钞"。

真可惜。如果没住在祖父母附近（今天大多数人都是这样的），又没有很努力地走进祖父母的世界，就真是太可惜了。

很快，祖母就会离去。不认识祖母的孩子不会知道这位女士的过去，不会知道这个家从哪里来，也不会知道他自己的根。这么一来，想要真正认识自己的"家"，可就难喽。

我建议年轻的家庭一定要住在婆家或娘家附近。也就是说，让你的生活优先考虑人而不是事。远亲不如近邻，住远了，就不容易那么亲了。你可能想尽办法用电邮把数字相片、影像文件、声音文件传来传去，又写信又通电话，甚至去探望，这些都很好，但是和住在附近还是不一样。

我们这一代多半没住在父母的生活圈里，这是很严酷的现实。我母亲和我们的孩子比较亲，比她其他孙子们都亲，原因很简单，因为她和我们住在同一个城市。有人也许喜欢说，就算不能定期、面对面、一对一地接触，还是有办法可以弥补的。很抱歉，就是无法弥补。如果你想让孩子从祖孙关系中受益，就必须三代都住得很近。

与爷爷奶奶关系亲密的家庭对孩子很有影响力。我的孩子记得祖母唱给他们听的歌。小凯文记得，有一次小时候在祖父母家看到大人在漆油漆，很想帮忙，祖母就给他一把刷子、一罐水，让他用水来“漆”。有亲戚住在附近也会让你的孩子拥有美好的童年回忆。孩子会和你一样深受家族的影响，这会让你的家人感情更好。

♡ 点子八：创意

你会不会让孩子多看一眼桌上的电费账单？想让孩子觉得自己是这个家的一分子，不妨让他们负点责任，一起努力让每个月的账单不要超过预算。

表面看起来，这个点子好像一点也不好玩。但我试过这个办法。某天晚餐时，我说：“我一直在想，这个家需要更多乐趣。需要更常吃比萨，更常看电影，更常去打保龄球。”把你想得到的家庭趣事全列出来，保证没人反对。

“我们会把和去年同个月份的账单拿来比较，然后将省下来的钱都放进一个罐子里。然后，我们会用罐子里的钱一起去打保龄球、吃比萨、看电影，把我们省下的钱全花在这些有趣的事情上，而且是全部花光光。”

这就有趣了，而且很实际，总好过对孩子大吼：“喂，前门怎么是开的？你是不是想把我们家的暖气送给全小区的人？”

全家一起玩创意，就会有人仔细追踪每个月花了多少电费，还有钱都花到哪去了。你可以把历年来的账单都画成曲线图，看看省了多少。如果没省到钱，也让孩子自己去画出来。等到他们学会对电费、气费、水费负责，就会觉得自己参与了省钱大作战，同时也参与了这个家。

要让孩子有归属感，不是叫他们别去参加外面的活动，也不是跟他们说："好啦！孩子们，我们全家是个生命共同体！要彼此相爱、相爱、相爱。"很可能没多久，这些孩子就又会彼此打架。你希望他们有归属感，就要让他们一起筹备度假计划。或者，如果爸爸每星期五花七美元洗车，就不妨让孩子自己洗。然后把省下来的七美元花在更重要的事情上。例如：买加拿大培根、夏威夷比萨、出国旅游……随你决定。

♡ 点子九："在家陪孩子"

你知道孩子放学后在做什么吗？上网，待在自己房间？还是沉溺在自己的世界里？爸爸下班回家，吃过饭就一头栽进沙发看足球转播。孩子呢？进房间上网，打游戏。

在许许多多的家庭，父母和孩子分别住在不同的"茧"里面（各自在不同的世界里）。若要看重家庭教育，就不该如此。如果你想进入孩子的世界，试试"在家陪孩子"。

你可能对"带孩子上班"这件事感到相当熟悉。我曾经做过这种事：到学校接了孩子，然后就把他们带到广播电台的播音室，或者周末时带着孩子陪我出差。这让我们有机会好好相处，谈论人生，而且可以让他们看看到底我在做什么。这还蛮不错的，不论你是替身演员还是图书馆员，孩子都会爱上这探险之旅。

但另一方面也很重要（或许是更重要的）：进入孩子的世界。你知道女儿放学回家看哪个电视节目吗？你知道儿子把书包一丢后到哪儿去遛狗吗？如果你出外上班，你可能对这些都完全不知道。

为了看看孩子们在做什么，请一天假吧！在家陪陪孩子，加入他们的生活。

如果你没办法请假，看看能不能加班一两个礼拜（或者周六加班），然后请假半天，在孩子放学前先回到家。

为什么？因为有那么一天（很快，比你想象的快得多），孩子会长大，你就得要放手让他飞走。你会泪流满面，心想：时间都跑哪儿去了？

到时候，如果有人能带你回到过去，让你回到孩子三岁、八岁或十六岁的时候，去陪他一整天，你会高兴得跳起来说："真的吗？五千美元就可以让我回到过去吗？没问题，我愿意花这个钱。"就趁现在，去陪孩子吧！只要请一天假。

如果你有两个孩子，也许可以早上陪一个，下午陪另一个。不论你有几个孩子，我建议你个别陪伴他们。如果你有很多孩子，就安排几天来陪。

计划一些活动（最好是在家里进行的活动），你的孩子会很喜欢的。你可以陪他玩最心爱的游戏，陪他组装模型，在院子里投球，学着抓到他最爱的电玩的过关诀窍，上他最爱的网站。

如果不知道怎么做，请孩子当你的老师。不妨这么说："你也知道嘛，很好笑，对不对？我真的不知道你放学后做什么。要不要教我怎么上网和朋友聊天？"

一日游也不错。两人各自带一份神秘午餐。谈谈你们的生活。选一样活动（不是电影哦），让你们可以对话。找出旧相册，一起看相片，一起聊聊当时的感受、喜好或恐惧。

你也许就这么开启了机会教育之门。有一次，我和萝伦一起听收音机里的乡村音乐，主持人说："有45%的单亲爸爸说他们在度假时会做这件事。请问，是什么事呢？"许多听众争相回答，主持人宣布答案："一夜情。"

萝伦转头看我，很天真地问："什么是一夜情？"

这下子我找到机会跟她谈谈婚姻的神圣、性病的现实，以及她父母坚定不移的婚姻了。这些话题都是可遇不可求的。

♡ 点子十：宣传"家庭"哲学

你也许把孩子拉出了活动陷阱，但如果左邻右舍都还追着活动跑，你们家附近也许会形同空城。怎么办？总不能在小区示威，大声疾呼：别再参加那么多活动了。留在家里吧！

你可以做什么呢？试着邀请别家的孩子来家里玩，很自然地邀请，不要勉强。

给儿子一些用剩的木料，让他和邻家孩子们在后院搭个树屋，或者把家打造成很棒的地方，让大家都喜欢来。当然，如果你认识邻居家长，会比较容易邀到邻居家的孩子。

不要以为他们没在观察。我认识一位母亲，当她发现她乐于让女儿去结交的朋友全都是在家自学的，也就会极力争取让女儿在家自学。打动说服她的，并不是她站在后院篱笆听到的某讲道、某堂课或某演讲，也不是宣扬父母若"真"爱儿女就不应考虑把孩子送去"世俗化"的学校，而是她亲眼看到的好的例子，最后自己决定的。

有次，某编辑到我们家吃晚饭。看到我们家几个大孩子有说有笑，围着桌子又玩又闹，他觉得太不可思议了。"李曼博士，如果砍掉右手能换来这样的家庭，许多家长会很乐意牺牲掉右手。你是怎么做到的？”

有趣的是，他应该知道啊！他已经为我出了好几本书了！但我只是跟他说：“如果在孩子成长时，你把家变成一个有意义、有爱、有趣的地方，孩子长大后，他们会一而再、再而三地想回到这个家来的。”

有邻居看到我们跟孩子道别，就会问：“你们把孩子送出门，真的有必要像在演泰坦尼克号吗？”

“我们实在太爱对方了，真的就像泰坦尼克号快沉了。”我毫无歉意地说道。我看出他们眼光中流露出的羡慕。

♡ 让你的家好处多多

没有人可以保证孩子会长成什么样子。我亲眼看到一些很优秀的孩子，他们的父母却是我生平见过最不胜任、最不能干的父母。我也亲眼看到一些很优秀的家庭却多年来因为叛逆的儿女而伤心欲绝。

所以，虽然我没办法给你任何保证，但我能告诉你享受到家庭好处的孩子会具有的特征：他们这一生会比较容易拒绝恶事，也比较容易欣然接受和拥抱美好的事物。

通常，在家里被关注、被训练、被欣赏、被鼓励、被疼爱的孩子会成为人生赢家。他们也许不会去竞选总统，也不会成为公司的总裁，但他们大致上会享受有成就感、有意义的人生。

孩子若只是忙个不停，到了没事可忙的时候，麻烦就大了。如果他们在家从来不会无聊，进了大学可能就会怕无聊，可能就会卷入毒品、酒精或婚前性行为。如果从来都没有人教他们如何处理失败，如何在成功时心存感激，如何有归属感，如何去和人合作（而不是一直想赢），对他们而言，现实世界将会是个无情之地、挑战之地、惊恐之地。

让你的孩子在家接受教养吧！让他们离家时拥有这些最佳条件：归属感，能够确信他们的家是个深爱他们、欢迎他们的地方，不论是过去、现在还是未来。

爸妈**经验**齐分享

- 孩子愿意让自己有很多时间待在一个好处多多的幸福家庭里，不论他是自己待在家里，还是邀请朋友来家里。
- 试着在家里举行各种各样的庆祝活动，这会让家人的感情愈来愈好，也会让家成为一个充满回忆的地方。
- 家，应该是个避风港。在孩子心里建立安全感，花时间，尽你所能地去安慰他们。
- “家庭同乐会”是可遇不可求的。父母可以把既定的活动减到最少，营造气氛，让快乐时光自然发生。
- 当人生变化球投过来时，让孩子看见你为之祷告并且和伴侣一起讨论。当你让家人看见你为这个家所作出的奉献，孩子会被你和你的信仰吸引。
- 晚餐应该是重头戏，家人可以齐聚一堂，分享当天的苦与乐。
- “延伸家庭”（指爷爷奶奶家或外公外婆家）对孩子的人生很重要。结婚后不妨考虑住在婆家或娘家附近，我认为父母要优先考量的是人的需要。
- 有个办法可以让孩子觉得自己是家里的一员：让他们加入省钱大作战。最好全家再把省下来的钱用来吃喝玩乐。
- 试试“在家陪孩子”。不妨请一天假，在家里陪孩子，进入孩子的世界。把这当成一个和孩子一起快乐成长的机会，并且也把握机会来教育孩子。
- 父母可以通过在家教养孩子，在邻里间引领“反抗错误的潮流”。用你们家的活动来吸引邻家孩子，而不要跟其他家庭较劲。

第一章

［1］《箴言》二十二章6节。

［2］G. Jeffrey MacDonald, "Smarter Toys, Smarter Tots?" *The Christian Science Monitor* online, August 20, 2003 (www.csmonitor.com/2003/0820/p12s02-lifp.html).

［3］Jon Sarche, Associated Press, "Pilot, 7, On Flight Across U.S., Is Killed When Plane Crashes—Girl's Father, Instructor, Also Dies Near Wyo. Airport," *Seattle Time* online, April 11, 1996.

［4］MacDonald, "Smarter Toys, Smarter Tots?" *The Christian Science Monitor* online.

［5］同上。

［6］Brenda Hunter, Ph. D., *Home by Choice: Raising Emotionally Secure Children in an Insecure World*, Sisters,（Ore.: Multnomah Press, 2000），p.41. 中译本：《选择在家》，白安德·亨特著，顾美芬译，成都：四川大学出版社，2007年。这部分内容引自John Bowlby, *Separation: Anxiety and Anger*, vol. 2 of *Attachment and Loss* (New York: Basic Books, 1980), p. 204。

［7］William J. Bennett, *The Index of Leading Cultural Indicators: Facts and Figures on the State of American Society* (New York: Simon and Schuster, 1994), pp. 102-103.

[8] Claudia Wallis, "The Case for Staying Home," *Time* (March 22, 2004), p. 52.

[9] Amelia Warren Tyagi, "Why Women Have to Work," *Time* (March 22, 2004), p. 56.

[10] Sonja Steptoe, "Ready, Set, Relax!" *Time* (October 27, 2003), p. 38.

第二章

[11] Bruce Stockler, A. J. Jacobs, and Andy Ward, "The Hurried Man," *Esquire* (February 2003), pp. 80-83.

[12] Lisa Collier Cool, "Back to School 2001: The Overwhelmed Child," *Good Housekeeping* (August 2001), pp. 79-82.

[13] Greg Toppo, "Teens with Multiple Choices Make Surprising One," *USA Today* (August 6, 2003), p. D5.

[14] George Barna, *Real Teens* (Ventura, Calif.: Regal Books, 2001), p. 71.

[15] Sam Kashner, "Producing the Producers," *Vanity Fair* (January 2004), p. 105.

第三章

[16] David Noonan, "Stop Stressing Me," *Newsweek* (January 29, 2001), p. 54.

第五章

[17] Cesar G. Soriano, "For Babies Who Have Everything," *USA Today*, January 12, 2004 (www.usatoday.com/life/lifestyle/2004-01-12-babyshower-gifts_x.htm).

[18] 《提摩太前书》六章10节。

第六章

［19］Doug Grow, "Special School Crowns a Special King," *Star Tribune* (October 4, 2003), pp. B1, 5.

［20］"Routine Builds Family Health," *USA Today* (December 10, 2002), p. D9.

第七章

［21］"Opie the Birdman," 1963年9月30日首播，第101集。*The Andy Griffith Show*, Mayberry Enterprises, Inc., 1963.

［22］"Mr. McBeevee"，1962年10月1日首播，第64集。*The Andy Griffith Show*, Mayberry Enterprises, Inc., 1961.

第八章

［23］Robert Kurson, "Just Another Father-Son Story," *Esquire* (November 2002), pp. 160-168.

［24］Lisa Collier Cool, "Back to School 2001: The Overwhelmed Child," *Good Housekeeping* (August 2001), p. 80.

［25］《诗篇》二十三篇4节。

［26］Sylvia Krista Smith, "Gwyneth in Love," *Vanity Fair* (February 2004), p. 151.

［27］Donna Freydkin, "Paltrow Finds a New Peace," *USA Today* (October 14, 2003), pp. D1-2.

［28］同上，p. D1.

［29］同上，p. D2.

［30］《路加福音》十五章11～32节。

第九章

[31] Marilee Jones, "Parents Get Too Aggressive on Admissions," *USA Today* (January 6, 2003), p. A13.

[32] 同上。

[33] Jane Gross, "Exposing the Cheat Sheet, with the Students' Aid," *The New York Times* (November 26, 2003), p. A26.

[34] 同上。

[35] L. Lamor Williams, "Getting a Jump on College Ways: Students at Arlington School Gain Discipline to Work on Their Own," *Star-Telegram* online (April 24, 2004).

[36] Found online at http://www.graceprep.org/.

[37] John Cloud and Jodie Morse, "Home Sweet School," *Time* (August 27, 2001), pp. 46-54.

第十章

[38] Found online at http://www.businessweek.com/bwdaily/dnflash/aug2001/nf20010828_616.htm.

[39] Ron Suskind, "Mrs. Hughes Takes Her Leave," *Esquire* (July 2002), p. 103.

[40] 同上，pp. 100-107, 110.

第十一章

[41] Mary Elizabeth Williams, "The Working Mother's Survival Guide," *Parents* (June 2003), p. 60.

[42] Terence P. Jeffrey, "Stand Up If You Would Rather Be Raised by a Daycare Worker," *Human Events* (June 18, 2001), pp. 12-13.

[43] Anita Sethi, "The Daycare Dilemma," *Baby Talk* (November 2003), pp. 17-18.

［44］Found online at http://www.spencerandwaters.com/calculate.html.

［45］Hunter, *Home by Choice*: *Raising Emotionally Secure Children in an Insecure World*, p. 33.

［46］Kim Masters, "Working vs. Staying Home: Why We Judge Other Moms and How to Make Peace with Your Own Choice," *Parenting* (May 2003), p. 132.

［47］Claudia Wallis, "The Case for Staying Home," *Time* (March 22, 2004), p. 52.

［48］U. S. Census Bureau, as quoted in *Newsweek* (May 17, 2004), p. E2.

［49］Hunter, *Home by Choice: Raising Emotionally Secure Children in an Insecure World*, p. 35.

［50］同上，p. 36.

［51］Douglas Carlton Abrams, "Father Nature: The Making of a Modern Dad," *Psychology Today* (March/April 2002), p. 38.

［52］Eve Heyn, "The Daddy Track," *Parenting* (September 2003), p. 152.

［53］Abrams, "Father Nature: Making of a Modern Dad," *Psychology Today*, pp. 38-47.

［54］同上，p.44.

第十三章

［55］Cindy Schweich Handler, "Be a Rady Parent," *Redbook* (April 2001), p. 182.

第十四章

［56］Anna Quindlen, "Doing Nothing Is Something," *Newsweek* (May 13, 2002), p. 76.

［57］Katherine Lee, "Why Babies Need Downtime," *Parenting* (March

2003), p. 85.

[58] 同上。

[59] Dr. David Elkins, "The Overbooked Child: Are We Pushing Our Kids Too Hard?" *Psychology Today* (January/February 2003), pp. 64, 66.

第十五章

[60] Mike Mason, *The Mystery of Marriage*. Sisters, Ore.: Multnomah Books, 1985, p. 124. 繁体中译本：《比翼双飞》，梅麦克著，严彩琇译，台北：校园，2006 年。

第十六章

[61] Charlotte Latvala, "8 Secrets of Happy Families," *Parenting* (October 2002), pp. 105-106.

[62] "Late Hours Biggest Barrier to Family Dining," *USA Today* (November 11, 2003), p. A1.

[63] Karen S. Peterson, "Extracurricular Burnout," *USA Today* (November 19, 2002), p. D7.

我的六十岁生日

我早就料到了。整个夏天，孩子们多少露出了一些马脚。我不小心听到他们在背着我讨论，我快满六十岁了，也许他们想扩大为我举办的庆生会规模。

当然啦，没人跟我商量，这就更证明我的猜想是对的。克莉丝差点说漏嘴，她说："你就快六十岁了耶，我们要好好地来热闹一下！"

家兄杰克六十岁生日时，庆祝会真的好热闹。我们全都到沙加满都去为他庆生，当时他大喜过望，气氛超热闹的。我们家的人都很会制造惊喜。这次呢，嘿嘿嘿，主角轮到我当了。

我当时这么想。

我超爱庆生，也超爱惊喜。最爱的呢，就是全家开开心心聚在一起。我预计到时会有大场面，也许是生平最大的一次。

我出生在九月的劳动节（Labor Day），处在长假里，时间上不会让亲友为难。如果让我自己挑选出生的日子，再也不可能会挑得比这天更好。我已经想好那天也许会有放烟火的活动，也许在土桑街上会有游行，消防车、仪仗队、高中乐队……大家都来吧！我准备好迎接这一天了！

那个早晨终于来临了。我心想，好吧。凯文在哪儿？他住加州，只要他回来就全员到齐了，也就会证明我猜对了。

时间慢慢溜走，我愈来愈纳闷，怎么家人似乎都毫无动静？都快中午了，怎么都还在床上？天色渐渐暗了，怎么大家动作都慢吞吞的？天黑了，凯文还是没出现。

我按捺不住了，只好开口问："凯文今天不回来吗？"

"亲爱的，很抱歉，他今天赶不回来。不过，我确定他会打电话回来的。"

凯文不回来？我心想。从加州飞回土桑只要四十五分钟，我生日他竟然不回来？

通常我的生日到时，我可能会说大家在家一起吃个轻松愉悦的晚餐，餐后再来个蛋糕就好！但今天是我的"六十岁生日"，珊蒂、荷莉、汉娜、萝伦全都在家，连克莉丝和她的老公丹尼斯也都回来了。

我心想，嘿，如果你们和我一样在外四处奔波，就会很喜欢在家吃家人做的饭。但今天可是我的生日呢！然而今年的庆生惨淡无光，就像我的白发一样苍白。我实在难掩心中的失望。

珊蒂会跟你说我因为儿子没赶回来整个星期都唉声叹气的。我想这肯定是她这辈子觉得最漫长的一个星期了。

到了星期五晚上，全家人说要一起出去吃饭，但荷莉会迟到（结果她还是赶上了），原来她瞒着我到机场去接从加州来的我的兄嫂杰克和琳达来一起用餐。当他们三个人走进餐厅时，我知道他们每个人都是爱我的，全部都是为了我而来！

我的心情终于好起来了。

第二天早上，杰克和我待在家里，珊蒂到城里办事，之后她打电话回来。“亲爱的！”她的声音带着诱惑，像唱歌一样好听，“要不要来吃早餐啊？今天的早餐特价才一块九毛九哦！”

杰克和我开车过去。我坐进包厢，手上拿着菜单，正在考虑要吃什么，背后有个声音传来：“请问要喝什么？”

“咖啡。”我头也没回。

“咖啡？”他说，“你只要咖啡吗？”

是哪个毛头小子用这种口气跟我讲话？我转过身。

抬头一看，是凯文，我的宝贝儿子！再看一眼，我高兴得用拳头敲打桌面，然后大叫。当时全场侧目，没半点声音（好像我捂住了所有人的嘴）。

天哪！儿子回来了！晚了五天，不过，总比没回来好啊！

凯文回来的第二天大家才帮我庆生。那时，我从乡村俱乐部回来，家里已经有五六十人等着我：家人、好友、同事，还有从小一起长大的老朋友。我收到好多感人的信，有来自全美各地的朋友、同事——司蕴道、吉姆·道森（Jim Dobson）、尼尔·克拉克·华伦（Neil Clark Warren）、盖瑞·史摩利（Gary Smalley）、派瑞特夫妇（Les and Leslie Parrott），如果让我自己拟名单，我想也不会这么周到。

用餐时，我看着孩子们穿梭在宾客间，心想：在这个时代，有

些孩子会对父母恶言相向，会把奖赏当成权利，然而珊蒂和我何其有幸，我们的孩子这么会关心人。

那天，我们的老大荷莉，带头的大姐，用餐后马上站起来自我介绍。她知道有些客人好久没见面，在这样的场合也许会不太自在。我看着她很周到地招呼大家，心里一直想：李曼，看看你的女儿，这简直像是童话故事——她又漂亮又美好，你还别有所求吗？

好多客人事后提到，我们的孩子和“大多数的孩子”比较起来是那么与众不同。

但对我而言，最特别的是曲终人散后的时刻，那时家里每个人都站起来讲了一些话，这些话不论是哪个爸爸、哪个丈夫听了，都一定会非常感动。

荷莉（英文老师，语文能力超强，兼有她母亲的善良）为我写了一篇感人的文章。她说，她现在比较年长了，比以前更感激父母为孩子所作出的牺牲。

小儿子凯文说：“老爸总是很幽默，但更重要的是，他让我们看到男子汉该是什么样子，丈夫该是什么样子。”

萝伦说：“我爱你。你写了好多有趣的好书，虽然我还没读过。”

克莉丝讲到我们有多看重家人。她提起有一次我在墨西哥城对执行总裁们演讲后我跟珊蒂说：“我们飞到芝加哥跟克莉丝打个招呼好吗？”于是我们改变行程，飞到芝加哥，当时我头上是墨西哥宽边帽，肩上是墨西哥披肩，跑到女儿的宿舍去给了她一个惊喜。

珊蒂站起来：“他是最柔细的超绵蛋糕。”我听了眼泪立刻夺眶而出。

但汉娜没发现，她站起来接着讲。

她先讲了一句几分钟前已经被讲过的话，大家全都笑翻了。她脸色忽然变得十分正经，“我爱爸爸。”她声音发颤，搜索枯肠，“他是全世界最棒的老爸。”

总算是讲完了，不料她忽然哭了起来：“哦，到底是怎么回事呢？”她泪如泉涌，只好用手去擦。

她和她母亲一样把每件事都放在心里，我再度热泪盈眶。

我在心里默默回答她的问题：汉娜，发生在你身上的就是你人生的一部分。你现在十六岁，你已经开始想到我们全家共度的美好时光。你也开始想到自己要上大学，然后要离家。你知道老爸已经六十岁了，你知道老爸无法永远都在你身边，因此你悲从中来。你想到我们一直是爱着真正的你，想到我们对你的爱，想到我们不计代价地把家庭摆在第一位。

宝贝女儿，你我脸上所流下的泪都是因为我们之间深深相连。

就是这么回事。

很多人说家是回不去的，意思是说，那个你从小长大的家绝不可能再和以前一样（因为孩子会陆续因为外出求学或是结婚等原因而离开家）。的确，没有哪份关系是永远不变的，也没有哪段过去会完整地被保留下来。问题在于，你希望你的家变成什么样子？

事实上，家是回得去的。如果你希望你的家好处多多又幸福美满，希望通过家人生命的彼此分享使家人的关系愈来愈深，那么，你必须要时常回家。

在你眼中，小孩永远会是小孩（即使他们已经长大了），其实，人生真的很短。我和我哥最近常互问对方：“往后，还有几天是我们可以一起度过的？六十天？或者如果我们够强壮，有九十天？”我们都不知道，但是可以确定的是我们都不会愈来愈年轻。

同理，我们在家和孩子相处还会有多少天？一样是大致可以数得出来的。我只是希望趁孩子还在家里的时候能让他们的生命有所不同。

汉娜也许很快就要去念大学了。有天下午我跟她说：“你了解爸爸，到了你要走的时候，我会站在前院，哭到眼睛都快要掉出来了！”

泰坦尼克号又要沉了。

珊蒂和我知道，不久萝伦也会离家去念大学（孩子终究会离巢）。但就算我们和最后一个孩子挥别，在他们在家的这段人生里，因为我们曾慷慨付出时间、精力和关爱，因此，我们可以肯定这只是离别不是结束。

当孩子离家走进另一个世界（最可能的就是结婚生子，就像克莉丝和丹尼斯）后，我们和孩子的关系还会越来越亲，这样美好的亲子关系乃是祝福。等到他们长大成人，父母仍会是他们一辈子的朋友。

是什么教养出好儿女？

爱。

纪律。

积极正面、健康的期待。

相信他们“是谁”，远比他们“能做什么”重要得多。

学习真正的牺牲奉献，凡事以身作则。

知道全家比个人更重要。

如果结了婚，要一生忠于配偶，把配偶放在第一位。

关机。

归属感。

我们把这些食材全都融入家庭生活里。我的六十岁生日让我知道：珊蒂和我所做的是对的，因为实在太美味了。

我回顾养育荷莉、克莉丝、小凯文、汉娜和萝伦的过程，问自己：我们的人生如果可以倒带，我愿意再全身心付出一次吗？

非常乐意。